MEERUMSCHLUNGEN UND KREIDEGRÜN
RÜGEN VON A–Z

MEERUMSCHLUNGEN UND KREIDEGRÜN
RÜGEN VON A–Z

GEORG JUNG
ELLERT & RICHTER VERLAG

Inhalt

Aus einem Kreidemeer geboren

Weiß leuchten die Kreidefelsen in der Morgensonne. Durch die Bäume am Rand der Kliffs schimmert blau-grün die Ostsee. Buchenwälder rauschen im Wind und stimmen ein in die ewige Melodie des Meeres. Steile Hochufer, an denen sich die Brandung in krausen Schnörkeln bricht, wechseln ab mit feinkörnigen Sandstränden, die in weitem Bogen von dunklen Kiefern gesäumt sind. „Reicher habe ich nie ein Land gesehen, selbst Italien nicht", schwärmte vor rund 150 Jahren der Maler Friedrich Preller während eines Aufenthalts auf Rügen. Und Gerhart Hauptmann fasste seine ersten Rügeneindrücke in einem vierzeiligen Inselhymnus zusammen, den er ins Gästebuch des Leuchtturmwärters von Kap Arkona schrieb: „Meerumschlungen und kreidegrün", heißt es darin.

Die rügensche Küste mit den Kreideklippen der Stubbenkammer und dem Königsstuhl gehört zum Schönsten, was die Natur im Ostseeraum geschaffen hat. Der Stoff, aus dem sie besteht, entstand vor etwa 70 Millionen Jahren auf dem Grund eines über weite Teile Europas ausgebreiteten Meeres. In diesem Gewässer lebten kleine und kleinste Organismen, deren kalkhaltige Schalen, Schuppen und Skelette zusammen mit anderen marinen Ablagerungen nach und nach ein mächtiges Kreidesediment bildeten. In der weiteren Entwicklung der Erdgeschichte wurde diese kompakte, bis zu 500 Meter dicke Schicht emporgehoben, gestaucht und, nachdem sich später die eiszeitlichen Gletscherströme zurückgezogen hatten, zu einer Steilküste umgeformt. Heute sind die Kreidefelsen mit ihren schroffen Uferwänden und bizarren Klippen ein Wahrzeichen Rügens. Und doch bilden sie nur einen Baustein in der Gesamtarchitektur der Insel.

Zwischen Kap Arkona im Norden und der Halbinsel Zudar im Süden, zwischen Schaprode im Westen und der äußersten Landspitze des Mönchguts im Osten verbindet sie eine Vielzahl landschaftlicher Formen in wunderbarer Harmonie. Zu diesem Mosaik gehören die glänzenden Spiegel der Boddengewässer und die tief in das Land reichenden Meeresbuchten ebenso wie die Heidegebiete und Feuersteinfelder, die blühenden Raps- und Mohnfelder oder die Alleen mit ihrem zum Teil 100-jährigen Baumbestand.

Schon früh haben sich Menschen diesen Naturraum erschlossen. Überall verstreut liegen Hünen- und Hügelgräber als Zeugen vorgeschichtlicher Zeit. Alte Burgwälle erinnern an die slawische Besiedlung, während Backsteinkirchen die Anfänge der Christianisierung Rügens ins Gedächtnis rufen.

Als im 19. Jahrhundert der Badetourismus begann, entwickelten sich manche der traditionellen Bauernfischerdörfer zu mondänen Seebädern. Zunächst stand Sassnitz, das wegen seiner Lage an der Kreideküste und den Waldungen der Stubnitz besonders geschätzt war, im Mittelpunkt des Fremdenverkehrs. Es folgte dann ein Ort nach dem anderen. Binz, Sellin, Baabe und Göhren lockten mit flachen Sandstränden, die durch den Bau von Strandvillen im Stil der Bäderarchitektur noch attraktiver wurden. Alle diese traditionellen Badeorte, in denen immer noch ein Hauch Lebensgefühl des Fin de Siècle weht, üben auch heute eine starke Anziehungskraft aus. Rügen, Deutschlands größte Insel, macht neugierig. Der Königsstuhl gehört inzwischen zu den meistbesuchten Reisezielen der Republik. Die Aufmerksamkeit richtet sich aber nicht allein auf Kreidefelsen, Wasser und Strand. Man möchte auch die alten Schlösser und Gutshäuser, die verträumt liegenden Fischerdörfer und die klassizistische Stadt Putbus sehen oder mit dem „Rasenden Roland" eine Art Zeitreise unternehmen. Und noch vieles mehr. „Rügen von A–Z" will auf diesen Inselstreifzügen ein kenntnisreicher Begleiter sein, der über alles Wissenswerte knapp informiert. Unter den circa 300 Begriffen sind unter anderem die wichtigsten Orte, Regionen, Landschaftspunkte, Stichwörter aus dem maritimen, wirtschaftlichen und kulturellen Leben sowie Persönlichkeiten aus der Geschichte, der Malerei und der Dichtkunst aufgeführt.

Aal Unter den Fischen, die in den rügenschen Bodden- und Küstengewässern vorkommen, gehört der Aal zu den wertvollsten. Nachdem die Vorkommen zwischen 1970 und 1980 durch Verbreitung einer Aalseuche deutlich zurückgegangen waren, hat sich die Art inzwischen wieder erholt. Die jungen Aale, sogenannte Gelbaale, fischt man zwischen Frühjahr und Vorsommer, während dem älteren Blankaal vom Spätsommer bis zum Herbst nachgestellt wird.

Absalon (um 1128–1201) Dänischer Staatsmann, seit 1158 Bischof von Roskilde und später auch Erzbischof von Lund. Er war ein Jugendfreund des dänischen Königs Waldemar I. und später dessen einflussreichster Berater. Als Kriegsführer nahm er an den Feldzügen gegen die damals slawische Bevölkerung Rügens teil und hatte 1168 maßgeblichen Anteil an der Eroberung der heidnischen Tempelfestung Arkona (→ *Kap Arkona*) und der nachfolgenden Christianisierung Rügens. Den Nachrichten des Chronisten → *Helmold von Bosau* zufolge soll er auf der Insel elf Kirchen geweiht haben.

Adam von Bremen Geboren zwischen 1081 und 1085, Chronist und Domherr in Bremen. Von ihm stammt das erste ausführliche Schriftwerk über Rügen. Seine Aufzeichnungen, die auf ältere Quellen und zeitgenössische Berichte zurückgehen, beschäftigen sich hauptsächlich mit Eroberungszügen gegen die damals slawische Inselbevölkerung.

Alleen Rügens Alleen sind berühmt. Meistens bestehen sie aus prachtvoll ausgewachsenen Kastanien, Linden oder Ahornen; aber auch Eichen, Buchen, Birken, Pappeln und selbst Ulmen säumen in langen Reihen die Straßen und Wege der Insel. An manchen Stellen bilden sie ein geschlossenes Blätterdach, das nur noch versprengte Sonnenstrahlen durchlässt und den Eindruck eines grünen Tunnels erweckt. Die Alleen sind nicht nur eine ästhetische Bereicherung der Landschaft, sie schützen auch die Felder vor Erosion, bremsen die Windgeschwindigkeit, wirken staubfilternd und lärmdämpfend. Stellenweise haben die Bäume ein Alter von mehr als 100 Jahren. Die mittlerweile leider schon lückenhafte Rotbuchenallee an der Straße von Karow nach Kiekut ist ebenso wie die zwischen Kiekut und ➤ *Zirkow* bereits rund 160 Jahre alt. Nicht ganz so betagt sind die Krimlinden zwischen Kasnevitz und ➤ *Garz*, doch diese Allee gehört zu den schönsten Baumreihen Rügens. Als ein Naturdenkmal anerkannt, wurde sie wie viele andere unter Schutz gestellt.

Alt Reddevitz Reizvolle Ortschaft, die an der Boddenseite der Halbinsel ➤ *Mönchgut* geschützt in einer Bucht der ➤ *Hagenschen Wiek* liegt. Das freundliche Gesicht, das die ehemalige Bauern- und Fischerkommune mit ihren alten rohrgedeckten Katen und Blumengärten zeigt, hat den Ort auch für Urlaubsgäste liebenswert gemacht. Eine lohnenswerte Unternehmung ist die Wande-

„De lange Wech" ist eine der beliebtesten Ausflugsstrecken auf Mönchgut. Er führt von Alt Reddevitz zum Reddevitzer Höft.

Ginsterblüte in der Reddevitzer Moränenlandschaft. Der Blick reicht über die Bucht der Hagenschen Wiek zu den Hügeln der Zickerschen Halbinsel.

Eine von vielen: Kastanienallee bei Lancken-Granitz

rung zum ➤ *Reddevitzer Höft*. „De
lange Wech" – etwa sieben Kilometer lang – zweigt vom Buswende-
platz in südwestliche Richtung ab
und verläuft über den Kamm eines
lang gestreckten, schmalen Höhen-
rückens, der bis zur äußeren Spitze
des Reddevitzer Landarms führt. Die
Strecke bietet herrliche Ausblicke
über die weiten Wasserflächen zu
beiden Seiten und auf die vielfach
gegliederte Binnenküste des Mönchguts.

Alte Bäderstraße Traditionelle
Route der Badegäste, die vor mehr
als 100 Jahren zu den damals gerade
in Mode gekommenen Seebädern
im Südosten Rügens reisten. Sie
zweigt hinter dem ➤ *Rügendamm* in
östliche Richtung ab und führt über
➤ *Poseritz*, ➤ *Garz*, ➤ *Putbus* zur
Halbinsel ➤ *Mönchgut*. Wegen ihrer
herrlichen ➤ *Alleen* gehört sie auch
heute zu einer der schönsten
Strecken Rügens. Seit 1993 bildet sie
den ersten Abschnitt der von ➤ *Sellin* bis zum Bodensee reichenden
Deutschen Alleenstraße.

Altefähr Gegenüber von Stralsund
gelegenes Sackgassendorf, das seine
Blütezeit in der Vergangenheit dem
Fährverkehr zwischen Rügen und
dem Festland verdankt. Schon im
13. Jahrhundert verkehrte an dieser
Stelle eine „alte Fähre" über den
➤ *Strelasund*, die der Siedlung auch
den Namen gab. Ursprünglich wurde
gerudert, bis Mitte des 19. Jahrhunderts der erste Raddampfer die her-
kömmlichen Riemenboote verdrängte. Mit der Eröffnung der rügen-

Abendlicher Blick von der Hafenmole in Alte-fähr auf die Hansestadt Stralsund

Die Turmuhr von St. Nikolai in Altefähr wurde so angebracht, dass sie von den Schif-fern auf dem Strela-sund aus verschiedenen Richtungen gesehen werden konnte.

schen Eisenbahnstrecke zwischen Altefähr und ➛ *Bergen* im Jahre 1883 kam zusätzlich der Betrieb eines ➛ *Trajekts* zum Einsatz. Doch die vorhandenen Fähren waren dem rapide zunehmenden Verkehrsstrom schon bald nicht mehr gewachsen, und immer häufiger kam es zu langen Wartezeiten. So entschied man sich für den Bau einer festen Verbindung zwischen Rügen und der pommerschen Küste. Im Frühjahr 1937 war der ➛ *Rügendamm* fertiggestellt. Er bedeutete das Ende für den großen sundischen Fährbetrieb und drängte Altefähr, durch das einst fast der gesamte Rügenverkehr floss, ins Abseits. Angesichts der Autolawinen, die sich heute über den Rügendamm und mittlerweile auch über die ➛ *Rügenbrücke* ergießen, dürften die Ortsansässigen glücklich darüber sein, dass der Verkehr auf Schiene und Fernstraße in gebührendem Abstand an ihnen vorüberzieht. Man genießt die Ruhe und erfreut sich an dem wunderschönen Blick auf die gegenüberliegende Hansestadt Stralsund, deren Silhouette von drei Backsteinkirchen bestimmt wird. Auf dem hohen Kliffufer steht eine dem heiligen Nikolaus geweihte Kirche, die mit ihrem achteckigen Turmhelm schon von Weitem auf sich aufmerksam macht. Ihr Bau wurde in der zweiten Hälfte des 15. Jahrhunderts begonnen, doch ihr heutiges Aussehen bekam sie erst durch An- und Umbauten in späterer Zeit.

Blick in den Chorraum der Kirche von Altenkirchen. Das Gotteshaus gehört zu den ältesten Rügens.

Altenkirchen Hauptort (ca. 1600 Einwohner) und wirtschaftliches Zentrum der Halbinsel ➛ *Wittow,* etwa sieben Kilometer vom ➤ *Kap Arkona* entfernt. Seine Sehenswürdigkeit ist eine alte Kirche, die um 1200, also wenige Jahrzehnte nach der Zerstörung des slawischen Heiligtums auf Arkona, vermutlich als Memorialkirche für den zum Christentum konvertierten Slawenfürsten ➤ *Tezlaw* errichtet wurde. Als dreischiffige romanische Basilika angelegt, bekam sie später durch bauliche Veränderungen, zu denen auch ein gotisches Kreuzrippengewölbe gehörte, eine von der ursprünglichen Stilrichtung abweichende Ausdrucksform. Der anfängliche Baugedanke wird noch im romanischen Chor und der Apsis deutlich. Zu der sehenswerten Innenausstattung gehört ein auf Gotland um 1250 geschaffener Taufstein. Das bemerkenswerteste Stück aber ist ein in der südlichen Eingangshalle des Chors eingemauerter Granitfindling mit der Reliefdarstellung eines Mannes. Die neuere Forschung betrachtet ihn als Begräbnisstein des Fürsten Tezlaw. An der Südseite der Kirche schließt ein kleiner Friedhof an, auf dem sich das Grab von Gotthard Ludwig ➤ *Kosegarten* befindet, der dieser Pfarrei von 1792 bis 1808 als Seelsorger und Propst vorstand.

Alte Grabwangen mit Motiven aus der Schifffahrt schmücken den Friedhof in Altenkirchen. Hier befindet sich auch das Grab des Dichters Gotthard Ludwig Kosegarten.

Angeln Sämtliche Gewässer Rügens einschließlich der Zwölf-Meilenzone der Ostsee gelten als Küstengewässer im Sinne des Fischereigesetzes von Mecklenburg-Vorpommern. Wer hier angeln möchte, muss einen gültigen Fischereischein besitzen. Mit diesem Dokument kann eine Angelberechtigung

(Tages-, Wochen- und Jahresberechtigung) für die Küste erworben werden.

Arkona ➤ *Kap Arkona*

Arkona-Sage An der Nordspitze Rügens, so heißt es in einer überlieferten Volkssage, stand früher die Hauptstadt des Landes, Arkona genannt. Sie ist plötzlich, man weiß nicht wie und wann, im Meer versunken. Auf dem Grunde der Ostsee ruht sie noch heute, und wenn es neblig ist, steigt sie zuweilen aus dem Wasser empor, und man kann sie sehen mit ihren Häusern, Wällen und Türmen. Die Leute in der Gegend sagen dann: „Die alte Stadt wafelt."

Berühmter Sohn Rügens: Ernst Moritz Arndt

Arndt, Ernst Moritz (1769–1860) Der patriotische Dichter und Historiker wurde als Sohn eines ehemaligen Leibeigenen des Fürsten von Putbus in ➤ *Groß Schoritz* geboren. Eingebunden in die Widersprüchlichkeiten einer feudalen Gesellschaftsordnung machte der junge Arndt Erfahrungen, die sein soziales Bewusstsein und seine Weltanschauung prägten. Trotz der oftmals recht schwierigen Existenzbedingungen der kinderreichen Familie ermöglichten ihm die Eltern eine solide Ausbildung. Er studierte Theologie und Geschichte in Greifswald, später in Jena, und nahm 1796 eine Stelle als Hauslehrer bei Gotthard Ludwig ➤ *Kosegarten* an, der damals Pastor in ➤ *Altenkirchen* war. Dort blieb er zwei Jahre. Nach einer Zeit der Wanderung legte er seine

Magisterprüfung ab und nahm schließlich eine Lehrtätigkeit an der Greifswalder Universität auf. Später, mit 49 Jahren, wurde er an die Universität von Bonn berufen, wo er eine Professur für Geschichte erhielt. Obwohl ihn die Geschicke eines wechselhaften Lebens schon früh von Rügen weggeführt hatten, blieb seine Sehnsucht nach dem „lieblichen Eiland" ein Leben lang bestehen. In seinem 73. Lebensjahr schrieb er das Gedicht „Heimweh nach Rügen", das mit den Zeilen endet: „Fern, fern vom Heimatlande / liegt Haus und Grab am Rhein. / Nie werd' an deinem Strande / ich wieder Pilger sein. / Drum grüß' ich aus der Ferne / dich, Eiland lieb und grün: / Sollst unterm besten Sterne / des Himmels ewig blühn!" Sein schriftstellerisches Werk hatte Arndt hauptsächlich in den Dienst der Unterdrückten und Entrechteten gestellt. Er schrieb zeitkritische Aufsätze, in denen er das Bauernlegen und die Leibeigenschaft verurteilte. Sein 1803 erschienener „Versuch einer Geschichte der Leibeigenschaft in Pommern und Rügen" trug dazu bei, dass die Leibeigenschaft in Vorpommern aufgehoben wurde. Mit der 1805 vorgelegten Kampfschrift „Geist der Zeit" trat er als Streiter im Befreiungskampf gegen Napoleon, den er als ein „erhabenes Ungeheuer" bezeichnete, hervor. In seiner glühenden Begeisterung für nationale Ziele – eine Eigenschaft, die unter Intellektuellen damals nicht unüblich war – sehen heute Kritiker der Arndt-Verehrung einen Makel in der Lebensgeschichte des Patrioten.

Arndt, Ernst Moritz

Baabe Ein von Dünen, Kiefern- und Laubwäldern umschlossener kleiner Badeort am Eingang zur Halbinsel → *Mönchgut*. Aus einer Fischersiedlung hervorgegangen, entwickelte er sich Ende des 19. Jahrhunderts zu einem beliebten Ostseebad. An das vergangene Erwerbsleben erinnern nur noch einige Fischerboote am Strand, die von Schaulustigen immer gern umringt werden, wenn sie frisches Fanggut anlanden.

Baaber Heide Eine im nördlichen → *Mönchgut* gelegene Niederung, die durch eine Nehrung entstanden ist. Sie reicht vom → *Mönchgraben* bis zu den hügeligen Ausläufern eines Moränen-Höhenzugs, der sich zwischen → *Göhren* und der Having-Bucht erstreckt.

Das ehemalige Badehaus des Fürsten von Putbus, wo sich einst herrschaftliche Gäste mit Wannenbädern verwöhnen ließen, wurde in jüngster Zeit in ein modern geführtes First-Class-Hotel umgewandelt.

Badehaus in der Goor Ehemaliges Badehaus am Rügischen Bodden nahe dem Hafenort → *Lauterbach*, das der Fürst von Putbus, Wilhelm → *Malte I.*, zwischen 1817 und 1820 für seine vornehmen Gäste hat bauen lassen. Es gab einen Speisesaal, mehrere Salons, Kabinen für Warmbäder, Logierzimmer und Wirtschaftsräume. Eine Kolonnade mit 18 dorischen Säulen, die an einen griechischen Tempel erinnert, schmückt die Fassade der Vorderfront.

Badekarren Wer vor etwa 170 Jahren ein Bad in der offenen See genießen wollte, benutzte einen der Badekarren, die in angemessener Entfernung vom Lande in der See standen und wohin kleine Brücken führten. „Auch die züchtigste der Frauen darf sich nicht scheuen, eines solchen Badekarrens sich beim Baden zu bedienen", hieß es in einem 1823 veröffentlichten Reiseführer durch Rügen, „denn außer, daß solcher an den Seiten bekleidet ist, auch die Eingangstür verschlossen werden kann, ist auch dafür gesorgt, daß durch einen seewärts niederzulassenden Vorhang die Badende sich dem Blicke jedes Lauschenden gänzlich entziehen kann."

Bäderarchitektur Die Entwicklung einfacher Fischerdörfer zu modernen Seebädern gegen Ende des 19. Jahrhunderts setzte eine lebhafte Bautätigkeit in Gang. Es musste Übernachtungsraum geschaffen werden, der in seiner Ausstattung die gehobenen Bedürfnisse des Großbürgertums berücksichtigte. So entstanden innerhalb weniger Jahrzehnte in der Nähe der Strände neue Ortsteile mit zahlreichen Pensionen, Villen und Luxushotels. Wie die Bauherren, so kamen auch die Architekten aus allen Teilen Deutschlands. Jeder brachte eigene Ideen mit, die er mit einem Baustil verknüpfte, der auf Rügen und auch im übrigen Ostseeküstengebiet fremd war. In überschwänglicher Schaffensfreude wurden nun die verschiedenartigsten Stile miteinander vermischt. Dabei entstand eine neuartige, als Bäderarchitektur bezeichnete Bauweise, die auch heute das Bild der rügenschen Ostseebäder bestimmt und deren Charme ausmacht. Besonders auffallend an den Fassadenwänden sind die verglasten oder auch offe-

Charakteristisch für den Stil der Bäderarchitektur sind die schmuckvollen Holzkonstruktionen der Veranden.

Bakenberg nen Veranden mit ihren Gebälk-
konstruktionen, die oft mit arabes-
kenhaft durchbrochenen Holzverklei-
dungen geschmückt sind.

Bakenberg In früherer Zeit wurden
verschiedene ufernahe Höhen zur
Aufstellung von Landmarken für die
Schifffahrt genutzt, die man dann
„Bakenberg" nannte. So kommt es,
dass diese Bezeichnung als Name für
eine Berg- oder Hügelkuppe auf
Rügen mehrmals auftaucht, etwa
auf → *Wittow* und → *Jasmund*, in
der Region zwischen → *Putbus* und
→ *Zirkow* sowie auf → *Mönchgut*.
Meist bestanden die aufgestellten
Zeichen aus Feuerbaken, in denen
bei Dunkelheit Pech oder auch Holz
verbrannt wurde. In seinen Reisebriefen berichtete Johann Jacob
→ *Grümbke*, dass man solche feuri-
gen Signale auch dazu benutzte,
ganz bestimmte Nachrichten an Bewohner benachbarter Regionen zu
übertragen. Ein herrlicher „Schauins-
land" ist der 66,4 Meter hohe
Bakenberg in den → *Gagerschen
Höhen* auf Mönchgut. Von keiner
anderen Stelle lässt sich die landschaftliche Struktur der südöstlichen
Halbinsel mit ihren zahlreichen
Buchten und Landarmen besser
überblicken als von diesem Gipfel,
der sich zwischen den Ortschaften
→ *Gager* und → *Groß Zicker* empor-
streckt.

Beek auch **Bek** Niederdeutsche Bezeichnung für einen schmalen Was-
serlauf. So heißt z. B. der Meeresarm
zwischen dem → *Selliner See* und
der → *Having* „Moritzdorfer Beek"

sowie die Wasserverbindung zwischen dem Neuensiener See und der Having „Lanckener Beek".

Belemniten sind die versteinerten Relikte kreidezeitlicher Tintenfische. Im Volksmund werden sie auch Donnerkeile genannt, weil man in heidnischer Zeit davon überzeugt war, dass diese lang gezogenen und zugespitzten Gebilde Wurfgeschosse sind, die der germanische Gott Donar bei Gewitter auf die Erde geschleudert hat.

Bergen Die Kreisstadt mit rund 14 500 Einwohnern ist das politische und wirtschaftliche Zentrum der Insel und neben ➤ *Sassnitz* der einzige Ort Rügens mit städtischem Flair. Den Namen verdankt sie ihrer Lage am Hang eines Moränenhügels, der im 91 Meter hohen ➤ *Rugard* gipfelt. „In der Ferne gewährt sie dem Auge ziemlich von allen Seiten einen vorteilhaften, oft romantischen Anblick", schrieb Johann Jacob ➤ *Grümbke* vor mehr als 200 Jahren über seine Heimatstadt. Den wenigen lobenden Worten ließ er einige Zeilen später harsche Kritik folgen: „Sobald man aber den Ort selbst erreicht, wie sehr findet man sich getäuscht, wie verschwindet in der Nähe der Reiz, den die trügerische Ferne gewährte! (…) Selbst der Marktplatz ist ungestalt und schiefwinklig." Heute bildet der Marktplatz zwar immer noch eine schiefe Ebene, doch umringt von schmuckvoll gestalteten Bauten, die dem Auge wohltun, mit den Straßencafés und mit all der Betriebsamkeit strahlt

Bergen

Von repräsentativen Bauten umringt: der Marktplatz in Bergen

Bernstein

der Ort städtisches Lebensgefühl aus. Vom mittelalterlichen Kern sind nur noch wenige Reste erhalten; immerhin aber findet man an der Südseite des Marktplatzes ein Gebäude, das besondere Beachtung verdient, selbst wenn die auf einem Balken eingekerbte Datierung MDXXXVIII, 1538, vermutlich nicht das tatsächliche Alter angibt. Die größte Sehenswürdigkeit Bergens ist die Kirche ➤ *St. Marien*, die mit ihren kostbaren Wandmalereien zu den bedeutenden Gotteshäusern Norddeutschlands gehört. Im angrenzenden Klosterhof ist ein kleines Stadtmuseum untergebracht, das 1993 anlässlich des 800-jährigen Jubiläums der Klostergründung mit einer ersten Ausstellung an die Öffentlichkeit trat. Vom Marktplatz ist es nicht weit zum Rugard, wo in grauer Vorzeit das Präludium der Geschichte Bergens begann und wo heute der ➤ *Ernst-Moritz-Arndt-Turm* steht.

Bernstein – das Gold der Ostsee

Bernstein Das „Gold der Ostsee", wie der Bernstein auch genannt wird, entstand aus dem ausgeflossenen und im Verlauf von Jahrmillionen verfestigten Harz urzeitlicher Nadelbäume. Er ist honiggelb bis rotbraun und enthält oft tierische oder pflanzliche Einschlüsse. Heute kennt man mehr als 300 verschiedene Arten; darunter gibt es einige, deren Alter man auf 100 Millionen Jahre und mehr schätzt. Die häufigste Art ist der 40 bis 50 Millionen Jahre alte Baltische Bernstein, der aus der Zeit stammt, als das Ostseeküstengebiet noch von subtropischen Wäldern bedeckt war. Mit ein wenig Glück kann man je nach Meeresströmung, Windrichtung und Jahreszeit auch an den rügenschen Stränden kleine Stücke des Ostseegoldes finden.

Billroth, Theodor (1829–1894) Der in ➤ *Bergen* geborene Arzt war einer der bedeutendsten Chirurgen seiner Zeit. Er arbeitete an der Universität in Zürich, später in Wien und gilt als Begründer der modernen Magenoperationstechnik. An seinem Geburtshaus in der Billrothstraße 17 wurde 1892 anlässlich seines Besuchs in Bergen eine bronzene Gedenktafel angebracht.

Binz ist Rügens größtes Seebad mit über 13 000 Gästebetten bei einer Einwohnerzahl von knapp 5500 und eines der beliebtesten Reiseziele an der Ostseeküste. An einem kilometerlangen, feinsandigen Strand der ➤ *Prorer Wiek* gelegen und umgeben von den herrlichen Waldungen der ➤ *Granitz* sowie der ➤ *Schmalen Heide*, ist der Ort von der Natur mit verlockenden Reizen ausgestattet. Aus einer winzigen, erstmals 1318 urkundlich erwähnten Bauern- und Fischersiedlung hat sich vor 100 Jahren ein „elegantes Bad von Weltruf" entwickelt. Die ersten fremden Besucher kamen schon um 1830 nach Binz. Sie waren Gäste des Fürsten von Putbus und logierten damals in dem nahe gelegenen ➤ *Jagdschloss Granitz*. Mag sein, dass sie nach ihrer Rückkehr zu Hause von den Badefreuden geschwärmt hatten, denn bald war Binz in den feineren Kreisen der Großstadtgesellschaft

Binz-Museum allen bekannt. Von Jahr zu Jahr stieg die Zahl der Gäste, und so dauerte es nicht lange, bis der Ort 1884 offiziell als Seebad ausgewiesen wurde. Mit dieser Entwicklung setzte eine rege Bautätigkeit ein, die zwischen 1890 und 1910 ihren Höhepunkt erreichte. Dabei entstanden zahlreiche Strandvillen und Pensionen in der für diese Zeit charakteristischen ➤ *Bäderarchitektur.* Sorgfältig restauriert, erstrahlen diese Bauten heute wieder in alter Pracht und lassen einen Hauch von Badekultur der wilhelminischen Ära spüren. Prominenteste Immobilie dieser Zeit ist das 1908 in seiner heutigen Form entstandene Kurhaus, eine imposante Zweiflügelanlage mit abgestufter Terrasse und einem davor angelegten Kurplatz. Nach umfassenden Restaurierungsarbeiten ist die historische Anlage heute zu einem denkmalgeschützen First-Class-Hotel geworden. Beliebteste Flanierstrecke neben der Strandpromenade ist die 370 Meter lange Seebrücke. Sie besteht seit 1994 und erinnert mit ihrem hölzernen Geländer und dem Plankenbelag an ihre Vorgängerbauten, die durch Sturmflut und Eisgang zerstört worden waren.

Binz-Museum Das in der Villa Odin untergebrachte Museum gibt einen Einblick in die glanzvolle Vergangenheit des einst berühmtesten Ostseebads. Neben einem original eingerichteten Pensionszimmer und einer Fischerstube aus alten Tagen sind eine Vielzahl historischer Postkarten, alte Stiche sowie Kleininventar aus Hotels und Pensionen zu sehen.

Binz gehört zu den beliebtesten Bädern der Ostseeküste. Blick von der Seebrücke auf Villen der Strandpromenade mit dem Kurhaus.

Der Oststrand von Binz grenzt an das Waldgebiet der Granitz.

**Biosphärenreservat Südost-
Rügen** Ein 23 500 Hektar großes
Schutzgebiet, das die Halbinsel
➤ *Mönchgut,* die ➤ *Granitz*, den
Raum ➤ *Putbus*, die Insel ➤ *Vilm*
sowie eine das gesamte Gebiet um-
schließende Wasserfläche von
12 600 Hektar umfasst. Seine Grenzen umspannen einen Lebensraum,
der noch den Charakter einer vorin-
dustriell geprägten Kulturlandschaft
bewahrt hat. Ein kleiner Teil davon –
dazu gehören die Insel Vilm, ein
Küstenteil der Granitz sowie das
➤ *Zickersche Höft* mit seiner Umgebung – bildet die Kernzone, in der
sich die Natur nach eigenen Geset-
zen ohne menschliche Einwirkung
entwickeln kann. Die sogenannte
Pflegezone weist wertvolle Flächen
der Kulturlandschaft aus, in der z. B.
eine extensive Weidewirtschaft betrieben wird. Zu der dritten Schutz-
zone gehört das restliche Gebiet mit-
samt den Ortschaften. Hier sollen
wirtschaftliche Interessen mit ökolo-
gischen Forderungen behutsam ab-
gestimmt werden.

Bischofsroggen Naturalienabgabe
aus der Zeit der Christianisierung
Rügens an den dänischen Bischof
bzw. dessen Vertreter, der seinen Sitz
in ➤ *Ralswiek* hatte. Der Scheffel,
mit dem er die Menge bestimmte,
so wurde überliefert, übertraf „das
Maß des Landesscheffels".

Blockstrand Steinstrand, der aus
dem Abbruch von Steilküsten entstanden ist und sich vom Geröll-
strand durch die Größe der Steine
(mind. 20 cm Durchmesser) unter-

*Blockstrand am
Zickerschen Höft*

scheidet. Für den Küstenschutz ist er ein Geschenk der Natur, denn als Brandungsterrasse verhindert er, dass bei normalem Wasserstand die hereinbrechenden Wellen das Steilufer erreichen. Damit bringt der Blockstrand den Prozess zum Stillstand, dem er ursprünglich seine Existenz verdankt. Typische Blockstrände gibt es u. a. am ➤ *Zickerschen Höft*, am ➤ *Nordperd* bei ➤ *Göhren* sowie zwischen ➤ *Lohme* und dem ➤ *Königsstuhl*.

Bobbin Die Ortschaft liegt auf einem Hügel im Nordwesten der Halbinsel ➤ *Jasmund* und ist von drei blinkenden Wasserflächen umgeben: der ➤ *Tromper Wiek*, dem ➤ *Großen Jasmunder Bodden* und dem Spykerschen See. Die hervorragende Aussicht ist aber nicht ihr einziger Reiz. Sie besitzt eine beachtenswerte Feldsteinkirche aus dem Jahre 1400, die aus einem noch älteren, erstmals 1250 urkundlich erwähnten Gotteshaus hervorgegangen ist. Im 17. Jahrhundert erhielt die Kirche durch Schenkungen des schwedischen Feldmarschalls und Herrn von Schloss ➤ *Spyker*, Graf Carl Gustav von ➤ *Wrangel*, eine prachtvolle Ausstattung. Dazu gehören der barocke Altar, die Kanzel sowie die Patronatsloge.

Bodden sind seichte und unregelmäßig geformte, tief in das Land eingreifende Buchten an der Ostseeküste, die meist nur eine enge Öffnung zum Meer haben. Das Wort wurde vom germanischen *bodan* abgeleitet, das Vertiefung bedeutet. Sie

Bodden

Aus Feldsteinen gebaut: die Pfarrkirche St. Paul in Bobbin

Bodenreform entstanden vor etwa 7000 Jahren, als die flachen Aushöhlungen der Grundmoränenlandschaft durch Anhebung des Meeresspiegels überflutet wurden. Der → *Große* und der → *Kleine Jasmunder Bodden* sind die bedeutendsten Gewässer dieser Art auf Rügen. Sie lösen die kompakte Inselmasse auf und schaffen einen vielfach gegliederten und unregelmäßig gelappten Küstenverlauf.

Bodenreform 1945/46 wurden die Großbauern enteignet und ihre Nutzflächen von knapp 50 000 Hektar auf rund 5400 Neubauernstellen und drei volkseigene Betriebe aufgeteilt. Die neu geschaffene kleinbäuerliche Wirtschaftsstruktur verhalf auch vielen Menschen, die nach dem Zweiten Weltkrieg ihre Heimat in Hinterpommern verlassen mussten und sich auf Rügen niederließen, zu einer Existenzgründung. Durch Umsiedler aus den Ostgebieten war die Bevölkerung Rügens 1946 um 28 000 auf knapp 91 000 angestiegen.

Boldevitz Kleines, zur Gemeinde Parchtitz gehörendes Dorf in Mittelrügen, dessen Charakter hauptsächlich von einem mit Baumreihen eingefassten Gutsgrundstück bestimmt wird. Mittelpunkt dieses Anwesens ist ein Herrenhaus, das in der ersten Hälfte des 17. Jahrhunderts errichtet wurde. Mit seinen zwei zur Front parallel angelegten Satteldächern und den späteren An- und Umbauten wirkt der herrschaftliche Bau wie ein seltsames architektonisches Konglomerat. Ursprünglich gehörte das

Blick auf das Bodden-gewässer bei Waase (Ummanz)

Das Herrenhaus von Boldevitz mit seinem angrenzenden Park ist das Herz der kleinen Ortschaft in Mittel-rügen.

Brahms, Johannes Gut der Familie von Rotermund. Nach mehrmaligem Besitzerwechsel kam es 1762 an Baron von Olthoff, einen Regierungsrat und Kunstmäzen aus Stralsund. Dieser förderte auch den Berliner Maler Jakob Philipp ➤ *Hackert*, der zwei Jahre lang auf Gut Boldevitz gelebt und dort im Obergeschoss die Tapetenfelder ausgemalt hat. 1780 ging der Besitz in die Familie von der Lancken und deren Zweige über. Eine Inschrift über dem nördlichen Portal besagt, dass 1922 Oscar von der Lancken-Wakenitz das Haus restauriert hat. Weiter heißt es darin: „Möge mein altes Heim in der Hand meiner Nachfolger nie die pietätvolle Pflege entbehren, die ich ihm allezeit widmete." Die pflegliche Umsorgung, um die der Freiherr gebeten hatte, musste allerdings lange Zeit auf sich warten lassen. Erst 1993 begann eine umfassende Restaurierung der nach dem Zweiten Weltkrieg enteigneten und als volkseigenes Gut betriebenen Anlage. Dabei wurden Anbauten, die nach dem 18. Jahrhundert entstanden sind, entfernt. Heute ist das Gut wieder in privater Hand, wird touristisch genutzt und präsentiert sich in einem Zustand, der den Beifall der einstigen Besitzer bekommen hätte.

Brahms, Johannes (1833–1897) hielt sich im Sommer 1876 fast drei Monate lang in ➤ *Sassnitz* auf und vollendete dort seine Erste Sinfonie in c-Moll. In dem ehemaligen Nobelhotel Fahrenberg konnten ihn die Badegäste bei seiner Arbeit beobachten. Der damals schon berühmte

Komponist hatte aber nicht nur ein Gehör für seine Musik, sondern auch offene Augen für die Schönheit der Insel, die er sich in vielen Spaziergängen erschloss. Er war beeindruckt von den Kreideklippen und schrieb an seinen Musikverleger: „An den Wissower Klinken ist eine schöne Sinfonie hängengeblieben." Trotz seiner Begeisterung für Rügen kehrte er nie wieder dorthin zurück; Konzertreisen bestimmten sein weiteres Leben. Doch die Erinnerung an jenen Sommer ist ihm lange Zeit lebendig geblieben. „Rügen ist ganz herrlich schön", bekannte er später. „Ich habe einen Sommer dort sehr lange ausgehalten. Leider ahnte ich, dass ich trotz aller Schönheit nicht werde wiederkommen können."

Breege Am Ufer des Breeger Boddens, dort, wo die Halbinsel → *Wittow* mit der → *Schaabe* verbunden ist, liegt der Hafenort Breege (slawisch *bregy* = Uferort). Im 19. Jahrhundert war er hauptsächlich von Schiffern bewohnt, die mit ihren Galeassen, Brigantinen und Schonern die Meere befuhren. Viele stattliche Kapitänshäuser erinnern heute noch an diese Zeit.

Broiler Begriff aus der DDR-Vergangenheit – abgeleitet vom englischen *to broil* = braten, grillen –, der nicht nur auf Rügen üblich war und der seit der Wiedervereinigung so gut wie verschwunden ist, ersetzt durch das, was er bedeutete, nämlich ein gegrilltes Hähnchen.

Bug Etwa neun Kilometer langer, durch Hakenbildung entstandener Landfortsatz der Halbinsel ➤ *Wittow*, der seit 1917 militärisch genutzt wurde. Ursprünglich ein Stützpunkt der kaiserlichen Flotte, war das Gebiet später Fliegerhorst der Nazis und nach dem Zweiten Weltkrieg Marinestützpunkt der DDR. Ab 2001 begann man, die Region zu sanieren. Dabei wurden die alten militärischen Einrichtungen abgebaut und Pläne für eine künftige touristische Nutzung entworfen, die bislang aber noch nicht realisiert werden konnten.

Burgwälle Über die staatliche Organisation der ehemaligen slawischen Bevölkerung Rügens vor ihrer Christianisierung ist wenig bekannt. Eine strenge Verwaltung dürfte nicht bestanden haben, doch es existierten mehrere von Erdwällen gesicherte Fürstenburgen, die nicht nur als Zufluchtsstätten und Wohnsitze Adliger von Bedeutung waren, sondern auch den Mittelpunkt des politischen, wirtschaftlichen und religiösen Lebens bildeten. In ihrer Nachbarschaft entstanden mitunter auch feste Ansiedlungen. Die Burgen existieren heute nicht mehr; sie wurden zerstört oder sind mit der Zeit verfallen, doch ihre ringförmigen Wälle blieben vielerorts erhalten. Sehenswert sind die Anlagen am ➤ *Kap Arkona*, bei ➤ *Garz* und auf dem ➤ *Rugard* bei ➤ *Bergen*.

Buschwindröschen Im Frühling, zwischen April und Mai, wenn die Wälder gerade zu grünen beginnen,

Buschwindröschen in den Waldungen der Stubnitz

aber die frische Belaubung noch schütter genug ist, um genügend Licht durchzulassen, verwandelt sich der Waldboden der ➤ *Stubnitz* in einen Teppich mit Myriaden kleiner Sterne, gewebt von den Blüten der Weißen Anemonen.

Buskam Größter ➤ *Findling* an der deutschen Ostseeküste. Der 1626 Tonnen schwere Granitbrocken stammt aus Skandinavien und wurde von eiszeitlichen Gletschern an die Mönchguter Küste zwischen ➤ *Göhren* und ➤ *Nordperd* transportiert. Er misst einen Umfang von 40 Metern, hat einen Rauminhalt von 600 Kubikmetern und ragt bei einer Meerestiefe von sechs Metern immerhin noch anderthalb Meter aus dem Wasser. Den Namen führt man auf das slawische *bogis kamien* zurück, das Gottesstein oder Opferstein bedeutet.

Carus, Carl Gustav (1789–1869)
Dresdner Arzt, Naturforscher und
Maler. Angeregt durch Caspar David
→ *Friedrich*, mit dem er befreundet
war und der ihm viel über die Schönheit Rügens berichtet hatte, reiste er
1819 auf die Insel und war von der
großartigen Natur beeindruckt.
„Wie so ein recht einfaches, aber
tief empfundenes Gedicht hat diese
Ostseenatur auf mich gewirkt", berichtete er später. So wie Friedrich
fand auch er in der Meeresbran-
dung, den Wäldern und den
→ *Hünengräbern* Motive, die seiner
romantischen Neigung entgegenkamen.

Chamisso, Adelbert von (1781–
1838) Deutscher Dichter und Naturforscher französischer Herkunft, dessen Familie in den Revolutionswirren
nach Deutschland geflohen war.
1823 schrieb er – inspiriert durch
eine alte Legende – die Ballade „Die
Jungfrau von Stubbenkammer".

Charenz bzw. **Charenza** hieß das
alte → *Garz*, als es noch eine slawische Siedlung war. Ursprünglich
wurde der Name für die slawische
Fürstenburg an diesem Ort benutzt,
deren Tempelanlagen den Göttern
→ *Rugievit*, Porevit und → *Porenut*
geweiht waren. Auch im politischen
Leben dürfte Charenz zumindest
zeitweise eine bedeutende Rolle ge-
spielt haben; denn wichtige Doku-
mente hoheitlicher Beschlüsse, etwa
die Urkunde zur Verleihung der
Stadtrechte für Stralsund im Jahre
1234, wurden hier ausgestellt.

Circus Architektonischer Höhepunkt in ➤ *Putbus* ist der sogenannte Circus, ein kreisrunder Platz, der mit 16 weiß gestrichenen, zwei- bis dreistöckigen Wohnhäusern im klassizistischen Stil gesäumt ist. Die Bebauung entstand ursprünglich im Zusammenhang mit der Gründung des Pädagogiums und wurde hauptsächlich zwischen 1827 und 1845 durchgeführt. Die Innenfläche besteht aus einem Park, in dessen Mittelpunkt ein Obelisk dominiert. Die vierkantige Gedenksäule wurde zu Ehren des Fürsten Wilhelm ➤ *Malte I.* errichtet, dem die Anlage des Circus wie auch das gesamte klassizistische Stadtbild von Putbus zu verdanken ist.

Der Circus in Putbus: ein kreisrunder Platz, gesäumt von klassizistischen Bauten

Coccolithen sind die abgestorbenen kalkhaltigen Schuppen winziger, nur 25 tausendstel Millimeter großer Urtierchen, die während der Kreidezeit auf dem Grund eines über Nordeuropa ausgebreiteten Meeres gelebt haben. Im Laufe von zigmillionen Jahren bildeten sie mit anderen marinen Ablagerungen eine mächtige Sedimentschicht, aus der schließlich die ➤ *Kreide* Rügens hervorging.

Crampas Ehemaliges Bauerndorf, das 1906 mit ➤ *Sassnitz* administrativ zusammengeschlossen wurde. Räumlich waren die beiden Orte durch das expandierende Sassnitz, das sich aufgrund seiner natürlichen Lage nur in westliche Richtung ausdehnen konnte, schon lange vorher zusammengewachsen.

Dänholm Im ➤ *Strelasund* zwischen Rügen und der Hansestadt Stralsund gelegenes Inselchen, das in früherer Zeit „Strela" hieß. Mit dem Festland ist es durch eine Klappbrücke, die sogenannte ➤ *Ziegelgrabenbrücke*, verbunden. Der heutige Name entstand im 15. Jahrhundert, als sich die Stralsunder gegen die Übermacht einer dänischen Flotte, die vor der Insel lag und die Stadt bedrohte, erfolgreich zur Wehr setzten. Zur Erinnerung an dieses Ereignis taufte man sie in „Däneninsel" um, woraus sich schließlich der Name Dänholm bildete.

Dat söte Länneken Das süße Ländchen. Liebevolle Bezeichnung für die Insel ➤ *Hiddensee.*

Dobberworth ist das größte bronzezeitliche ➤ *Hügelgrab* im norddeutschen Raum. Seine Ausmaße betragen in der Höhe zehn Meter und im Umfang ca. 150 Meter. Mit Bäumen und Gebüsch bewachsen, erhebt es sich aus einem Feld neben der Bundesstraße 96 südöstlich der Ortschaft ➤ *Sagard.*

Dolmen Vorgeschichtliche Steingrabkammer, die auf Rügen als Großdolmen häufig verbreitet war. Der Begriff ist keltischen Ursprungs und bedeutet „Tafel".

Donnerkeile ➤ *Belemniten*

Döns In der traditionellen Wohnkultur eines Rügener Bauern oder Fischers war die sogenannte Döns der Wohn-, Schlaf- und Arbeitsraum.

Der Dobberworth bei Sagard ist das größte bronzezeitliche Hügelgrab im norddeutschen Raum.

Großdolmen aus der Jungsteinzeit bei Lancken-Granitz. Die Grabanlage wurde um 2300 v. Chr. von Ackerbauern und Viehzüchtern als Begräbnisstätte einer Sippe angelegt.

Drake, Johann Friedrich (1805–
1882) Klassizistischer Bildhauer,
Schüler von Christian Daniel Rauch
in Berlin. 1859 schuf er das marmor-
ne Denkmal Wilhelm ➤ *Maltes I.* im
Putbuser Schlosspark. Die über-
lebensgroße Figur des Fürsten steht
auf einem Postament, dessen Seiten
mit Reliefdarstellungen geschmückt
sind.

Dranske liegt auf einem Landfortsatz der Halbinsel ➤ *Wittow* zwischen dem Wieker Bodden und der
Ostsee. Es war zu DDR-Zeiten Wohn-
ort der 6. Flottille, die ihren Stützpunkt auf dem ➤ *Bug* hatte.

Dreyer, Max (1862–1946) Lehrer,
Schriftsteller und Bühnenautor. Er
schrieb über die Schönheit der Ostseeküste und betonte dabei seine
Verbundenheit mit der Halbinsel
➤ *Mönchgut*, die ihm eine zweite
Heimat wurde. Mehrere Jahrzehnte
lebte er in seinem nahe dem Göhrener ➤ *Höft* gelegenen „Drachen-
haus", das auch heute noch in der
Max-Dreyer-Straße von ➤ *Göhren*
steht.

Ehrenlokführer Einmal im Leben Lokführer sein, im Führerstand stehen, den Kessel einheizen, die Regler und Ventile bedienen und ordentlich Dampf auf die Räder geben! Solche Träume aus Kindertagen können sich Eisenbahnfans jetzt erfüllen. In einem zehntägigen Lehrgang vermittelt die Rügensche Kleinbahn GmbH & Co alles notwendige Wissen für die betriebliche sowie technische Ausübung des Fahrdienstes auf Dampflokomotiven. Die praktische Ausbildung erfolgt auf der Schmalspurstrecke Putbus–Göhren auf unterschiedlichen Lokomotiven. Nach erfolgreichem Abschluss bekommt der Lehrgangsteilnehmer ein Zertifikat als Ehrenlokführer ausgestellt. Nun darf er selbst Hand anlegen und den ➤ *Rasenden Roland* über die Insel Rügen dampfen lassen – natürlich nur ehrenhalber und im Beisein des Lehrmeisters.

Ehrenlokführer auf dem Rasenden Roland: Die Rügensche Kleinbahn GmbH & Co bietet die entsprechende Ausbildung an.

Eisenbahn- und Technikmuseum Rügen Das 1994 in ➤ *Prora* eröffnete Museum zeigt auf einer etwa 4000 Quadratmeter großen überdachten Ausstellungsfläche und einem angrenzenden Freigelände historische Lokomotiven sowie Oldtimer des Straßenverkehrs.

Eldena Ehemaliges Zisterzienserkloster nahe Greifswald. Mitte des 13. Jahrhunderts erwarb die Abtei das Land ➤ *Reddevitz* mit der ➤ *Baaber Heide* und etwa ein Jahrhundert später auch die Halbinsel Zicker. Nach dieser Besitzübernahme wurde die gesamte Halbinsel südlich

Ernst-Moritz-Arndt-Geburtshaus

des ➤ *Mönchgrabens* „dat Mönnike Guedt", das ➤ *Mönchgut*, genannt.

Ernst-Moritz-Arndt-Geburtshaus

Ehemaliger Gutshof in ➤ *Groß Schoritz,* um die Mitte des 18. Jahrhunderts gebaut. Ein Porträtrelief des Dichters schmückt das Giebelfeld der Dachgaube. In der Diele des ehemaligen Gutshauses ist eine kleine Ausstellung eingerichtet, die dem Besucher ➤ *Arndts* Leben und Wirken nahebringt.

Ernst-Moritz-Arndt-Museum

Gedenk- und Informationsstätte in ➤ *Garz*, die dem berühmten Sohn Rügens gewidmet ist. Die Ausstellung dokumentiert mit einem reichhaltigen und sorgfältig aufbereiteten Text- und Bildmaterial das Leben und Schaffen des patriotischen Schriftstellers und gibt Einblicke in die sozialen und politischen Verhältnisse seiner Zeit.

Ernst-Moritz-Arndt-Sicht

Ein 60 Meter hoher, aus dem Kreidekliff von ➤ *Jasmund* deutlich heraustretender Felsen nördlich der ➤ *Wissower Klinken.* An seiner Spitze bildet er eine kleine Plattform, an deren Kante sich schon seit zwei Jahrzehnten eine Buche absturzgefährdet mit teils freiliegenden Wurzeln krallt. 1981 fand hier der letzte gewaltige Uferausbruch statt. Besucher sollten also die Absperrung respektieren, wenn sie diese Stelle betreten, um die fantastische Aussicht auf die Kreideküste zu genießen. Man erreicht die Ernst-Moritz-Arndt-Sicht

Ernst-Moritz-Arndt-Sicht: ein markantes Kreidekliff an der Küste Jasmunds

über den Hochuferweg, der von ➤ *Sassnitz* zum ➤ *Königsstuhl* führt.

Ernst-Moritz-Arndt-Turm Ein 27 Meter hoher Aussichtsturm, der zwischen 1869 und 1877 als Denkmal zu Ehren Ernst Moritz ➤ *Arndts* gebaut wurde. Er steht an höchster Stelle des ➤ *Rugard*, nicht weit vom Stadtzentrum ➤ *Bergens* entfernt. Aus seiner verglasten Aussichtskuppel überschaut man die Insel wie eine aufgeschlagene Landkarte. Besonders beeindruckend ist das in nördlicher und nordöstlicher Richtung ausgebreitete Panorama, das den amphibischen Charakter Rügens offenlegt. Sehr deutlich sind die von glänzenden Wasserflächen abgetrennten Halbinseln, die das Kernland girlandenartig umringen, zu erkennen; Küste und Wasser, Buchten und ➤ *Bodden*, Hügel und ebenes Land – alles ist in diesem Blick in wunderbarer Harmonie vereint.

Ernst-Moritz-Arndt-Turm

Aussichtsturm und Denkmal: der Ernst-Moritz-Arndt-Turm auf dem Rugard bei Bergen

Fährverbindungen Mit dem 1998
abgeschlossenen Ausbau des Fährhafens von ➤ *Sassnitz* im Ortsteil
➤ *Neu Mukran* entstand eine der
modernsten Fähranlagen für den
Personen-, Waren- und Eisenbahn-
transport im Ostseeraum. Von hier
verkehren nicht nur die Fährschiffe
nach Schweden, Dänemark, Litauen
und Russland, es gibt auch eine An-
legestelle für große Kreuzfahrtschiffe
mit größerem Tiefgang. Der Fähr-
hafen geht auf die seit 1909 bestehende Eisenbahnfährverbindung
zwischen Sassnitz und Trelleborg, die
sogenannte ➤ *Königslinie,* zurück,
deren Verkehr bis 1998 im Stadthafen abgewickelt wurde. Dort lau-
fen heute vor allem Fischerboote
und -kutter, Jachten, Segler und
Fahrgastschiffe ein und aus. Im Rahmen des Bäderverkehrs besteht auch
eine Verbindung zu den Seebrücken
von ➤ *Binz,* ➤ *Sellin* und ➤ *Göhren.*

Fälschermuseum Die „Galerie Jah-
reszeiten" in ➤ *Binz* zeigt eine
Sammlung meisterhafter Fälschun-
gen weltberühmter Gemälde, z. B.
von da Vinci, Bruegel, Monet, Degas,
Renoir, van Gogh, Klimt, Schiele u. a.

Feuersteine Unregelmäßig geformte, schwarze Gesteinsknollen mit
weißer Kruste, die schichtenweise in
den Kreidefelsen eingelagert sind
und dort – wie zu einer Perlenschnur
aufgereiht – schräg verlaufende Bän-
der bilden. Sie werden mit der Kreide abgetragen und häufen sich
dann am Strand mitunter zu großen
Wällen auf. Ihr Ursprung ist organi-
scher Natur. Kieselsäurehaltige Ske-

Anlegemanöver an der Brücke des Fährterminals in Sassnitz-Mukran. Die Hafenanlage ist eine der modernsten an der Ostsee und ein Zentrum für den Eisenbahnfährverkehr.

Beispiel einer fossilen Küstenbildung: die Feuersteinfelder bei Neu Mukran

Feuerstein-felder lette von Schwämmen und Gehäusen verschiedener Mikroorganismen, die einen großen Teil des im Meerwasser vorhandenen Siliziums gebunden hatten, lieferten den Stoff, aus dem sie vor etwa 70 Millionen Jahren entstanden sind.

Feuersteinfelder Im Nordteil der → *Schmalen Heide* erstreckt sich ein 300 Meter breiter und etwa zweieinhalb Kilometer langer Geröllstrandfächer, der das seltene Beispiel einer fossilen Küstenbildung darstellt. Insgesamt sind es 14 hintereinander gestaffelte Wälle von bis zu einem Meter Höhe. Myriaden schwarzweißer Feuersteinknollen bilden den Untergrund, auf dem sich der sparsame Pflanzenteppich einer Heidelandschaft ausgebreitet hat. Noch immer rätselt man in der Fachwelt über die Herkunft der Wälle. Man vermutet, dass das Gestein von den Kreideufern → *Jasmunds* abgetragen und vor 3000 bis 4000 Jahren durch Strömungen oder Sturmfluten an diesen Ort versetzt wurde. Der einzige Zugang zu den Feuersteinfeldern erfolgt über einen Fußweg, der an einem Parkplatz am südlichen Ortsausgang von → *Neu Mukran* beginnt.

Findlinge Auffallend große Steine, die durch die Eiszeitgletscher zusammen mit anderem Gesteinsschutt von Skandinavien an die südliche Ostseeküste verlagert wurden. Man nennt sie auch erratische (= verirrte) Blöcke oder „Wanderer des Nordens". Überall auf Rügen, vorwiegend aber an der Nord- und Ostküste, liegen diese meist aus Granit oder Gneis bestehenden Brocken verstreut. Viele stammen von der benachbarten Insel Bornholm. Die besonders auffälligen Exemplare haben Namen wie ➤ *Buskam* (bei ➤ *Göhren*), ➤ *Schwanenstein* (bei ➤ *Lohme*) oder ➤ *Waschstein* (am ➤ *Königsstuhl*). In der Vergangenheit waren Findlinge als Baumaterial sehr begehrt. Schon die Menschen der Jungsteinzeit benutzten sie für ihre ➤ *Hünengräber*. Heute stehen die besonders auffälligen Steine als Naturdenkmale unter Schutz.

Fischerei hat auf Rügen eine lange Tradition. Der Heringsfang spielte bereits eine große Rolle, als bei Arkona noch die slawische Fürstenburg existierte. Wie aus alten Chroniken hervorgeht, gab es dort im 12. Jahrhundert einen bedeutenden Handelsplatz, eine sogenannte ➤ *Vitte,* wo während der Heringssaison große Fischmärkte stattfanden. Dennoch ist Rügen nie eine typische Fischerinsel gewesen – trotz einer Küstenlänge von rund 580 Kilometern. Denn in der Vergangenheit waren die meisten Fischer zugleich auch Bauern, die mit dem Pflug ebenso umzugehen verstanden wie mit Netz und Reuse. Die Trennung von Landwirtschaft und Fischerei erfolgte erst unter sozialistischen Wirtschaftsverhältnissen mit der Bildung von Produktionsgenossenschaften. Bis zum Zweiten Weltkrieg fischte man überwiegend entlang den Küsten, erst ab 1945 wurde auch eine leistungsfähige Hochseefischerei aufgebaut, die ihren Standort in ➤ *Sassnitz* hatte. 1966 standen dem Kombinat 107

Mönchguter Fischer beim Einholen der Heringsnetze

Fischerei- und Hafenmuseum

Fangfahrzeuge zur Verfügung. Mit der deutschen Wiedervereinigung erlitt der rügensche Fischfang drastische Einbußen. War zur DDR-Zeit der Absatz zentral geregelt, so bringen die Fischer heute ihre Fänge unter starkem Konkurrenzdruck selbst oder mithilfe von Erzeugerorganisationen auf den Markt.

Fischerei- und Hafenmuseum

Ausstellung in → *Sassnitz* zur Entwicklung der heimischen Fischerei und des Stadthafens.
www.hafenmuseum.de

Flugplatz Güttin Wer mit dem Flugzeug nach Rügen reist, landet in Güttin, einem Ortsteil von Dreschvitz im südwestlichen Teil der Insel. Der Flugplatz ist mit einem modernen Tower, einer Befeuerungsanlage für die Start- und Landebahn sowie mit einem Empfangsterminal ausgestattet. Es werden Foto- und Inselrundflüge angeboten. Mietwagen stehen am Flugplatz bereit.

Fontane, Theodor (1819–1898) verbrachte 1884 einen Sommerurlaub auf Rügen. An seine Tochter Martha schrieb er später: „Ich war in Stubbenkammer, am Hertha-See, in Lohme (…), in Arkona und seinem zerstörten Wenden-Tempel. Alles interessant, am interessantesten aber, daß mich die ganze Szenerie von Lohme und Arkona beständig an Sorrent erinnerte." Und so ließ er seine Romanheldin Effi Briest, als sie bei einem Abendspaziergang von einem Felsvorsprung auf die stille, vom Mondschein erhellte Bucht

schaute, entzückt ausrufen: „Das ist
ja Capri, das ist ja Sorrent."

Friedrich Wilhelm (1620–1688)
Kurfürst von Brandenburg seit 1640,
schuf die Grundlage für Preußens
Größe. Drei Jahre nach seinem Sieg
über die schwedischen Truppen in
der Schlacht von Fehrbellin (1675),
der ihm den Titel „Großer Kurfürst"
beschert hat, belagerte er die Küste
Rügens. Am 13. September 1678
gelang es ihm, seine Truppen südlich
von ➤ *Putbus* bei ➤ *Neukamp* auf
die Insel zu bringen und das schwedische Heer zum Rückzug zu zwin-
gen. Zur Erinnerung an diese Lan-
dung auf Rügen ließ König Friedrich
Wilhelm IV. 1854 an dieser Stelle ein
Denkmal errichten.

Friedrich, Caspar David (1774–
1840) Der aus Greifswald stammende Maler war erstmals im Frühjahr
1801 nach Rügen gekommen, um
dort Naturstudien zu betreiben. Die
Insel mit ihrem poetischen Charakter
bot Eindrücke, die seinem ästheti-
schen und mystischen Verhältnis zur
Landschaft entgegenkamen. Er blieb
über ein Jahr und wiederholte später
seine Besuche. Während dieser Auf-
enthalte fertigte er zahlreiche Skiz-
zen an, nach denen er später in seinem Atelier sorgfältig ausgearbeitete
Sepia-Zeichnungen oder Kompositionen in Öl gestaltete. Um 1818
entstand sein berühmtes Gemälde
„Kreidefelsen auf Rügen", das zum
Symbol für die wilde Schönheit der
Insellandschaft wurde. Das Bild zeigt
den Blick durch die Kluft der Großen
Stubbenkammer.

**Friedrich,
Caspar David**

*Caspar David Friedrichs
berühmtes Gemälde
„Kreidefelsen auf
Rügen" wurde zum
Symbol der Insel-
romantik.*

Gager Idyllisch zwischen den ➤ *Gagerschen Höhen* und der ➤ *Hagenschen Wiek* gelegenes Uferdorf. Als ehemaliger Sitz der Fischereiproduktionsgenossenschaft (FPG) „Mönchgut" und Standort einer kleinen Kutterwerft stellte es einst ein wichtiges Wirtschaftszentrum des ➤ *Mönchguts* dar. Heute liegen noch immer einige Fischkutter fahrbereit an den Anlegestellen, doch mehr und mehr drängen sich Freizeit- und Sportboote in das Hafenbild. Gager hat sich mittlerweile zu einem beliebten Urlaubsort entwickelt. Besonders reizvoll sind Wanderungen von hier zu den Gagerschen Höhen mit dem ➤ *Bakenberg* sowie über den Hochuferweg zum ➤ *Zickerschen Höft.*

Gagersche Höhen Ein bis zu 66,4 Meter hoher Hügelrücken auf ➤ *Mönchgut*, der zusammen mit den Zickerschen Bergen das pleistozäne Hochgebiet der Halbinsel ➤ *Gager* und der Ortschaft ➤ *Groß Zicker* bildet.

Chorraum der Pfarrkirche St. Petri in Garz. Das Alter der romanischen Tauffünte wird auf 700 Jahre geschätzt.

Garz ist die älteste Stadt Rügens (ca. 2500 Einwohner, Stadtrecht bereits 1319). Ihr Ursprung geht auf die slawische Fürstenburg und Siedlung ➤ *Charenz* zurück, die 1168 von den Dänen nach dem Fall der Feste Arkonas (➤ *Kap Arkona*) kampflos erobert wurde. Bis 1325 hatten hier die rügenschen Fürsten zeitweilig ihre Residenz. Von der einstigen Burganlage ist heute nur noch der Wall vorhanden. Im 14. und 15. Jahrhundert hatten sich in Garz zahlreiche Handwerksbetriebe niedergelassen; es fanden große Jahrmärkte statt, was die einstige Bedeutung der Stadt hervorhebt. Später verlor sie ihre wirtschaftliche Vorrangstellung, und trotz der städtischen Privilegien blieb sie bis auf den heutigen Tag ein Ort mit ländlichem Charakter. Sehenswert sind die Kirche St. Petri, in der am 28. Dezember 1769 Ernst Moritz ➤ *Arndt* getauft wurde, wie auch das dazugehörige rohrgedeckte Pfarrhaus und das ➤ *Ernst-Moritz-Arndt-Museum*, das sich gegenüber dem alten Burgwall befindet.

Garzer See Am südlichen Stadtausgang von ➤ *Garz* gelegener See, der in früherer Zeit vermutlich durch einen Wasserarm mit der Puddeminer Wiek verbunden war. An diesem Gewässer fand während der dänischen Eroberungszüge auf Rügen 1165 eine Schlacht statt, die der Bischof ➤ *Absalon* von Roskilde zu seinen Gunsten entschieden haben soll.

Gellort Die nördlichste Landspitze Rügens ist der etwas westlich vom ➤ *Kap Arkona* gelegene Gellort.

Gingst Mit rund 1800 Einwohnern bildet das hübsche Angerdorf ein Siedlungszentrum inmitten der bäuerlichen Landschaft Westrügens. Zwischen dem 18. und 20. Jahrhundert erlebte Gingst dank seiner zahlreich vertretenen Handwerksbetriebe eine Zeit des Wohlstands. Besonders die Damastwebereien waren in ganz Pommern berühmt. Für die wirtschaftliche Entwicklung hatte sich damals der Pastor Johann Gottlieb

Gingst

Ländlich schön: die Ortschaft Gingst

Orgel der Pfarrkirche
St. Jakobi in Gingst

Picht eingesetzt. Dank seiner Fürsprache bei der schwedischen Regierung wurde die Leibeigenschaft in der Pfarrei Gingst bereits 1774, also 32 Jahre früher als in den übrigen Gebieten Schwedisch-Vorpommerns, aufgehoben. In den historischen Handwerkerstuben ist heute ein Museum eingerichtet, das einen Einblick in die kleinbäuerlichen und handwerklichen Betriebe der Vergangenheit gibt. Eine besondere Sehenswürdigkeit ist die zwischen 1300 und 1450 errichtete Pfarrkirche St. Jakobi. Sie ist die zweitgrößte Kirche Rügens; zu ihrer wertvollen Innenausstattung gehört eine von Christian Kindten aus Stralsund im Jahre 1790 gebaute Orgel.

Glewitzer Fähre Die Personen- und Autofähre (Beförderungskapazität ca. 44 Pkw) zwischen Stahlbrode und Glewitz auf der Halbinsel ➙ *Zudar* stellt eine Alternative zum ➙ *Rügendamm* bzw. zu der ➙ *Rügenbrücke* dar. Sie verkehrt in der Hochsaison alle 20 bis 30 Minuten, bei Bedarf im Pendelverkehr. Kein Nachtverkehr. Informationen zu Verkehrszeiten und Tarifen unter www.weisse-flotte.com/fahrplan/ruegenfaehre.php

Glowe Badeort an der ➙ *Tromper Wiek*. Der Name ist vom slawischen Wort *glowna* = Kopf abgeleitet und gibt einen Hinweis auf die Lage: Glowe ist der letzte Ort auf ➙ *Jasmund* vor dem nehrungsartigen Landstreifen (➙ *Schaabe*), der zur Halbinsel ➙ *Wittow* führt, und bildet eine Art Brückenkopf. Das Ostsee-

Blick über die Bucht
der Tromper Wiek
bei Glowe

bad hat einen wunderschönen flachen Sandstrand, der sich bis nach ➤ *Juliusruh* erstreckt. Auf der gegenüberliegenden Seite liegt hinter einem Kiefernwald der ➤ *Große Jasmunder Bodden*.

Göhren ist das bedeutendste unter den Mönchguter Ostseebädern. Der Name geht auf das slawische Wort *gorna* zurück, das „bergiges Dorf" bedeutet und damit einen Hinweis auf die Lage gibt: Von Buchen- und Kiefernwäldern umgeben, breitet es sich sehr reizvoll auf einem hügeligen Küstenvorsprung aus. Seine Entwicklung von einem Bauern-Fischer-Dorf zu einem renommierten Seebad hängt eng mit dem Bau der Kleinbahnlinie Putbus–Göhren (➤ *Rasender Roland*) zusammen. Als diese Ende des 19. Jahrhunderts ihren Betrieb aufgenommen hatte, stieg von Jahr zu Jahr die Zahl der Badegäste. In dieser Zeit entstanden vornehme Villen im Stil der ➤ *Bäderarchitektur*, die auch heute noch das Ortsbild prägen. Es gibt zwei Strände – der eine mit Morgen-, der andere mit Nachmittagssonne –, eine Strandpromenade, die vom Ortskern durch das Steilufer getrennt ist, sowie eine Seebrücke. Die ➤ *Mönchguter Museen*, zu denen verschiedene Freilichtanlagen gehören, vermitteln volkskundliche Einblicke in die vom bäuerlichen und maritimen Leben bestimmte Kultur der alten Mönchguter Bevölkerung.

Gora Ehemaliger slawischer Name (= Berg) für die Inselhauptstadt ➤ *Bergen*.

Gora

Badestrand von Göhren

51

Eine prachtvolle Kastanienallee führt in das Waldgebiet der Granitz.

Granitz Hügeliges Waldgebiet an der Küste zwischen den Ostseebädern ➤ *Binz* und ➤ *Sellin*. In früherer Zeit war die Granitz wegen ihres reichen Hochwildbestands ein beliebtes Jagdrevier der Herren von Putbus. Heute streifen vor allem Wanderer durch die zauberhaften Buchenwaldungen, die stellenweise auch von Eichenbeständen, Erlen, Eschen, Linden und wilden Obstbäumen durchsetzt sind. Viele Besucher haben das ➤ *Jagdschloss Granitz* zum Ziel, das an höchster Stelle des Gebiets, auf dem 107 Meter hohen Tempelberg, thront. Beliebt ist auch der Hochuferweg zwischen Binz und Sellin, der immer wieder mit malerischen Ausblicken auf die Ostsee überrascht.

Groß Schoritz Aus einem Gutsweiler hervorgegangene, kleine Ortschaft an der Schoritzer Wiek, vier Kilometer südlich von ➤ *Garz*. Dort steht das Geburtshaus von Ernst Moritz ➤ *Arndt*. Der Ort, der früher aus einem Haupthof und einigen Einliegerkaten bestand, war bis Mitte des 18. Jahrhunderts Stammsitz eines alten rügenschen Adelsgeschlechts. 1755 ging der Besitz an den schwedischen Reichsrat Graf von Löwen über, der ihn zwölf Jahre später an das Haus Putbus verkaufte.

Groß Zicker Das denkmalgeschützte Dorf im südlichen ➤ *Mönchgut* zeigt auch heute noch das charakteristische Bild einer traditionellen Fischer-Bauern-Gemeinde. Die Dorfstraße ist – so wie früher – gepflastert und verliert sich hinter dem

Blick vom Bakenberg auf die Ortschaft Groß Zicker

Ortsausgang in den Wiesen des ➤ *Zickerschen Höfts*. Links und rechts stehen rohrgedeckte Häuser mit schmucken Vorgärten. Aus diesem Ensemble tritt das ➤ *Pfarrwitwenhaus*, das 1723 in der für das Mönchgut typischen Bauweise eines niederdeutschen Hallenhauses (➤ *Hallenhaus*) errichtet wurde, besonders hervor. Als Museum eingerichtet, ist das Anwesen heute der Öffentlichkeit zugänglich. Am Ortseingang, zwischen Lindenbäumen versteckt, liegt die kleine gotische Kirche. Sie entstand um 1380, nachdem die Mönche des Klosters ➤ *Eldena* die Gemeinde einschließlich des gesamten südlichen Inselteils erworben hatten.

Große Stubbenkammer ➤ *Stubbenkammer*

Großer Jasmunder Bodden Flaches, nur etwa sechs bis sieben Meter tiefes Binnengewässer mit einem schmalen Ausgang zur Ostsee, das die Inselkerne ➤ *Wittow* und ➤ *Jasmund* vom eigentlichen Rügen trennt. Es entstand aus einer muldenförmigen Senke des alten eiszeitlichen Vergletscherungsbodens, in die später das Meer eindrang. Siehe auch ➤ *Kleiner Jasmunder Bodden*.

Grote Vitte Ehemaliger, bis ins 17. Jahrhundert üblicher Ortsname des Fischerdorfs ➤ *Vitt* auf der Halbinsel ➤ *Wittow*. Als „Vitte" bezeichnete man Einrichtungen an der Küste, wo angelandeter Fisch an Ort und Stelle gesalzen, verpackt und

Grote Vitte

Sonnenuntergang am Großen Jasmunder Bodden

53

Grümbke, Johann Jacob

verladen wurde. Überall auf Rügen gab es solche Fischhandelsplätze mit temporär bewohnten Unterkünften für Fischer und Händler. Aus einigen Vitten haben sich mit der Zeit ständig bewohnte Siedlungen gebildet.

Grümbke, Johann Jacob (1771–1849) Der in → *Bergen* als Sohn eines Arztes geborene Dichter und Heimatforscher widmete sich nach seinem Jurastudium mit wissenschaftlichem Eifer der Geschichte und Geografie Rügens. Nach vielen Wanderungen und sorgfältigen Recherchen trat er schließlich mit seinen gesammelten Aufzeichnungen an die Öffentlichkeit. „Streifzüge durch das Rügenland" nannte er sein Werk, das unter dem lateinischen Decknamen „Indigena" (= der Einheimische) 1805 erstmals veröffentlicht wurde. Darin schilderte er in Form von Reisebriefen, denen er einige selbst angefertigte Illustrationen beifügte, die Orte und Landschaften Rügens unter Berücksichtigung von Geschichte, Sitten und Gebräuchen. Zwei Jahre später erschien von ihm ein weiteres, noch umfassenderes Buch über die Insel, das lange Zeit als Grundlagenwerk der Rügenliteratur galt. Grümbke war seit seiner Stralsunder Gymnasialzeit eng mit Ernst Moritz → *Arndt* befreundet. Beide Männer verband eine ähnliche geistige Haltung sowie die kritische Einstellung zur Leibeigenschaft.

Grümbke-Aussichtsturm Auf Hoch Hilgor, einem 44 Meter hohen Hügel der Halbinsel Lebbin, wurde

1993 ein aus Holz gebauter Aussichtsturm eingeweiht, dessen Name
den bekannten Rügener Schriftsteller
Johann Jacob ➤ *Grümbke* (1771–
1849) ehrt. Anlass des Baus war die
Jubiläumsfeier zum 675-jährigen Bestehen der Ortschaft Neuenkirchen.
Wer die Mühe nicht scheut, die 75
Stufen des knapp 16 Meter hohen
Turms emporzusteigen, wird oben
mit einem herrlichen Blick über die
nordwestliche Boddenlandschaft be-
lohnt.

Gustav II. Adolf (1594–1632)
König von Schweden (seit 1611).
Durch sein Eingreifen in den Dreißigjährigen Krieg festigte er die schwedische Machtstellung in Europa und
stärkte den Protestantismus in
Deutschland. Am 25. Juni 1630
hatte er Rügen für kurze Zeit betreten, um Erkundigungen einzuholen.
Knapp vier Monate zuvor waren
➤ *Hiddensee* und Rügen von den
schwedischen Truppen besetzt und
eingenommen worden.

Gustow ist die erste Ortschaft, die
der Reisende – von Süden her kom-
mend – auf der ➤ *Alten Bäderstraße*
erreicht. Sie liegt nicht weit von der
Bucht der Gustower Wiek entfernt,
wo sich in ruhiger Lage ein kleiner
Freizeithafen befindet. Bemerkenswert ist die Backsteinkirche mit
Wandmalereien aus dem 15. Jahrhundert. Vier Kilometer südlich von
Gustow, am Ufer des ➤ *Strelasunds*,
liegt die ➤ *Prosnitzer Schanze*.

Gutshäuser ➤ *Herrenhäuser*

Hackert, Jakob Philipp (1737–1807) gilt als der erste bedeutende Maler, der mit wirklichkeitsnahen Darstellungen den Blick auf die landschaftliche Schönheit Rügens gelenkt hat. Im Sommer 1762 war Hackert einer Einladung des Stralsunder Regierungsrats Baron von Olthoff nach Rügen gefolgt, wo er auf dessen Gut → *Boldevitz* wohnte. Die Insel bot dem jungen Künstler aus Berlin Eindrücke, die ihn zu Kompositionen von idealen Landschaften inspirierten. Während des zweijährigen Aufenthalts schuf er neben einigen Aquarellen zahlreiche Zeichnungen und Radierungen. Eines seiner charakteristischsten Rügenbilder ist die um 1763 entstandene Radierung „Rügenlandschaft mit Kreideküste". Wenige Jahre später ging Hackert nach Italien und wurde 1786 Hofmaler von König Ferdinand IV. von Neapel. Er starb 1807 nach einem künstlerisch äußerst produktiven und erfolgreichen Leben in San Piero di Careggi bei Florenz.

Hagenow, Friedrich von (1797–1865) Der in verschiedenen Fachgebieten autodidaktisch arbeitende Wissenschaftler aus Langenfelde (bei Loitz) legte Anfang des 19. Jahrhunderts den Grundstein zur modernen Kreideforschung. Besondere Verdienste erwarb er sich mit der Erforschung der Urgeschichte Rügens. Er schrieb mehrere Abhandlungen über dieses Thema und entwarf eine Spezialkarte von Rügen, die neben den geografischen Verhältnissen auch die archäologischen Eigenheiten darstellte. 1832 baute er in Greifswald die erste Kreideschlämmerei Deutschlands und stattete sie mit selbst entwickelten und gebauten Maschinen aus. Für seine wissenschaftlichen Verdienste verlieh ihm die philosophische Fakultät der Universität Greifswald die Ehrendoktorwürde.

Hagensche Wiek ist mit ca. zehn Quadratkilometer Fläche die größte Bucht des ➤ *Mönchguts*. Die Wassertiefe beträgt zwei bis fünf Meter. Die Bucht entstand aus einem Gletscherzungenbecken während der letzten Eiszeit und trennt das Reddevitzer Land vom Zickerschen Gebiet. Bis zu Beginn des 19. Jahrhunderts hatte sie noch eine Wasserverbindung zum Lobber See.

Haken An den flacheren Küstenstrichen durch Strandversetzung und angeschwemmten Meeressand gebildete Landzunge. Wenn der Sandhaken weiterhin wächst und auf einen anderen Küstenteil trifft, entsteht eine Nehrung. Solche Küstenversetzungen mit Neulandgewinnung finden auch heute noch statt. Der Buger Haken im Südwesten der Halbinsel ➤ *Wittow*, der sich Stück für Stück der Insel ➤ *Hiddensee* nähert, ist ein Beispiel für diesen Prozess.

Hallenhaus Auf Rügen, vor allem auf ➤ *Mönchgut,* gibt es noch mehrere Beispiele der traditionellen bäuerlichen Wohnkultur. Die Halbinsel wurde im 12. und 13. Jahrhundert von deutschen Kolonisten besiedelt, die aus ihrer Heimat die Bauweise

Hallenhaus

Hallenhaus in Middelhagen, um 1650 gebaut

Hauptmann, Gerhart

des niederdeutschen Hallenhauses mitbrachten. Bei diesem Haustyp, der auf Rügen mancherlei Veränderungen erfuhr, waren Mensch, Vieh, landwirtschaftliche Ernteerzeugnisse und Gerätschaften unter einem Dach untergebracht. Da das Hallenhaus ursprünglich keinen Schornstein hatte, nannte man es auch Rauchhaus (➤ *Rookhuus*). Die erhaltenen Exemplare – das älteste stammt aus dem 17. Jahrhundert – bestehen meistenteils noch aus Lehmfachwerk; einige wurden mit Backsteinen ummauert. Eine rügensche Variante stellt der sogenannte ➤ *Zuckerhut* dar. Ein schönes Beispiel hierfür ist das ➤ *Pfarrwitwenhaus* in ➤ *Groß Zicker*.

Gerhart-Hauptmann-Gedenkstätte in Kloster auf Hiddensee

Hauptmann, Gerhart (1862–1946) Der naturalistische Dichter aus Niederschlesien kam im Sommer 1885 in Begleitung seiner ersten Frau, seines Bruders Carl und dessen Frau sowie eines Freundes nach Rügen. Im Gästebuch des Leuchtturmwärters von ➤ *Kap Arkona*, der dort eine Wirtschaft unterhielt, verewigte er sich mit den Versen: „Meerumschlungen und kreidegrün, / Märendurchklungen und heldenkühn, / Herden im Hage, reifendes Feld, / Flüsternde Sage, Lug in die Welt!" Von Rügen aus besuchte Hauptmann die Nachbarinsel ➤ *Hiddensee*, an die er sehr bald sein Herz verlor. Immer wieder zog es ihn auf ➤ *dat söte Länneken*. 1930 erwarb er dort das „Haus Seedorn", in dem er in den Sommermonaten lebte und arbeitete. Heute ist das Anwesen eine viel besuchte Gedenkstätte für den Dichter.

Hausmarken sind runenartige Zeichen, mit denen Eigentum kenntlich gemacht wurde. Dabei war es wichtig, dass jeder Haushalt bzw. Eigentümer immer nur eine einzige Hausmarke verwendete. Vergrößerte sich die Familie, fügte man dem Zeichen einen Strich, eine sogenannte „Bimark", hinzu. Heute findet man Hausmarken vor allem noch auf der Insel ➤ *Hiddensee*, wo sie allerdings nur noch eine schmückende Funktion erfüllen, etwa als Zusatz einer Hausnummer.

Having Boddenseitiges Küstengewässer im Südosten Rügens; verbindet den ➤ *Selliner See* mit dem Rügischen Bodden. Die Bucht entstand durch die schürfende Kraft der Gletscher während der letzten Eiszeit.

Helmold von Bosau (1125–1177) Pfarrer und Chronist aus Holstein, verfasste im 12. Jahrhundert eine Chronik der Slawen, in der er auch über die damalige Bevölkerung Rügens, den slawischen Stamm der ➤ *Ranen* und dessen heidnische Riten Auskunft gab. Er beschrieb die Leute als ein grausames und über die Maßen dem Götzendienst ergebenes Volk, das den Vorrang innerhalb der großen slawischen Völkerfamilie hätte, einen König sowie die berühmteste Tempelstätte besäße. Allerdings ist keineswegs sicher, dass Helmold jemals die Insel Rügen gesehen hat.

Heringsfang Zweimal jährlich, im Frühjahr und Herbst, ziehen Heringsschwärme aus den nördlichen Mee-

Herrenhäuser ren, vor allem aus dem Skagerrak und dem Kattegat, in die Boddengewässer an der Ostküste Rügens, die wegen des seichten und deshalb auch wärmeren Wassers ideale Laichbedingungen bieten. An Seegras und Steinen finden die Eier gute Haftung. Hauptlaichgebiet ist der Greifswalder Bodden. Wenn der gelaichte Junghering etwa acht Zentimeter lang ist, zieht er in die Ostsee hinaus und kommt nach drei bis vier Jahren, wenn er geschlechtsreif ist, in dieselben Gewässer zum Laichen zurück, in denen er selbst seine „Kinderstube" gehabt hat. Für den Mönchguter Fischfang ist besonders der Frühjahrshering von wirtschaftlicher Bedeutung, der rund 70 Prozent der gesamten Fangerträge ausmacht. Gefischt wird mit Kammerreusen und Stellnetzen.

Gut Granskevitz. Das Gebäude stammt im Wesentlichen aus dem 17. Jahrhundert.

Herrenhäuser Großzügig angelegte, einst adelige Wohnsitze zur Zeit der Gutsherrschaft. Von den 211 Herrenhäusern, die man nach dem Zweiten Weltkrieg auf Rügen registrierte, bestanden zur Zeit der deutschen Wiedervereinigung noch 165. Die meisten waren in einem vernachlässigten Zustand, manche existierten nur noch als Ruine. In den vergangenen Jahren konnten etliche Anwesen unter denkmalspflegerischen Gesichtspunkten restauriert und saniert werden. Einige davon wurden zu exklusiven Hotels ausgebaut (➤ *Spyker,* ➤ *Neddesitz*).

Herthabuche Stark vermodertes Stück eines Baumstamms nahe dem ➤ *Herthasee*, in dem man den Rest

Mönchguter Fischer bei der Arbeit. Obwohl der Heringsfang immer noch volle Netze bringt, stirbt die heimische Berufsfischerei allmählich aus. Die Erträge, die mit ihr erzielt werden, reichen für den Lebensunterhalt nicht mehr aus.

Ein Stück Totholz ist der Rest der sagenumwobenen Herthabuche.

Herthaburg der einst stattlichen Herthabuche sieht. Mit dem Rauschen ihrer Blätter, so die Legende, soll die Göttin Hertha (➤ *Herthakult*) ihren Willen kundgetan haben.

Herthaburg Slawische Fluchtburg am Ufer des ➤ *Herthasees*, nicht weit vom ➤ *Königsstuhl* entfernt.

Herthakult Ein zu heidnischen Zeiten der Erdgöttin Nerthus gewidmetes Ritual, dessen Austragungsort aufgrund der falschen Auslegung eines Berichts von Tacitus am ➤ *Herthasee* vermutet wurde. Der Sage zufolge zog die Göttin einmal im Jahr zur Erntezeit auf einem mit Kühen bespannten Wagen durch das Land ihrer Untertanen. Sie war verhüllt, kein Sterblicher durfte sie sehen. Nach der Fahrt badete sie in einem Waldsee, dem vermeintlichen Herthasee. Die Diener, die ihr dabei behilflich waren, mussten anschließend sterben, damit sie nichts von dem, was sie gesehen hatten, ausplaudern konnten.

Um den Herthasee rankt sich die Legende eines heidnischen Kults.

Herthasee Nicht weit vom ➤ *Königsstuhl* entfernt liegt ein stark vermoorter, dunkel und geheimnisvoll wirkender Waldsee, um den sich die im 16. und 17. Jahrhundert entstandene Legende vom ➤ *Herthakult* rankt. Die Entstehung des Sees wird einem riesigen Eisblock zugeschrieben, der am Ende der Glazialzeit an dieser Stelle liegen blieb und nur zögerlich abtaute. So entstand eine wassergefüllte Senke. Früher nannte man ihn auch Burgsee, denn in seiner Nähe lag eine slawische Befestigung, deren Wall heute noch vorhanden ist. Am südlichen Ufer führt ein Waldwanderweg vorbei, der malerische Blicke auf das stille Gewässer ermöglicht.

Herzogsgrab Das ca. 4300 Jahre alte jungsteinzeitliche Großsteingrab bei ➤ *Göhren* gilt als das bedeutendste Beispiel eines sogenannten Hünenbettes. In der 5,50 x 2,20 Meter großen, von einem aufgeschütteten Erdhügel und einem Steinring umschlossenen Grabkammer fanden mindestens 40 Verstorbene ihre letzte Ruhestätte. Für die Reise ins Jenseits hatte man ihnen Steinbeile, Pfeilspitzen, Bernsteinschmuck und Tongefäße mit Nahrung mitgegeben.

Hiddensee Die der Westküste Rügens vorgelagerte Insel ist ein kleines Naturparadies, das seit 1990 mit den umliegenden Gewässern zum ➤ *Nationalpark Vorpommersche Boddenlandschaft* gehört. Der Inselname ist uralt; als „Hinthinsö" taucht er bereits im altisländischen Schrifttum der Edda auf. Künstler waren es, die als Erste auf die urwüchsige Schönheit aufmerksam machten. Zu ihnen gehörten die Maler Jakob Philipp ➤ *Hackert* und Friedrich ➤ *Preller* sowie die Dichter Gotthard Ludwig ➤ *Kosegarten* und Gerhart ➤ *Hauptmann*. Im Vergleich zu den anderen Seebädern an der Ostseeküste entwickelte sich der Fremdenverkehr hier nur zögerlich. „Nur stille stille, daß es nicht ein Weltbad werde", schrieb Gerhart Hauptmann 1899. Für ihn war die Insel „das geistigste

Historische Handwerkerstuben

Ehemaliges Haus eines Kätners in Gingst. Es gehört heute zu der Museumsanlage „Historische Handwerkerstuben".

aller deutschen Seebäder". Seine Befürchtung war unbegründet: Hiddensee lockt zwar jährlich viele Urlauber und Besucher an, doch vom Massentourismus blieb es verschont. Es gibt keinen privaten Autoverkehr, keine Luftverschmutzung und keine „Hotelburgen". An den insgesamt über 16 Kilometer langen feinsandigen Badestränden findet ein jeder immer noch genügend Platz und Ruhe. In den vier Ortsteilen – Grieben, Kloster, Vitte und Neuendorf/ Plogshagen – haben rund 1300 Menschen ihren ständigen Wohnsitz. Sehenswert sind in Kloster die Gerhart-Hauptmann-Gedächtnisstätte, das Heimatmuseum und die Insel-Kirche sowie die Blaue Scheune in Vitte und das denkmalgeschützte Fischerdorf Neuendorf. Ganzjährige Fährverbindung von ➤ *Schaprode*. Wassertaxi-Verkehr rund um die Uhr.

Historische Handwerkerstuben
Museum in ➤ *Gingst*, das sich der einstigen Handwerkskunst und dem bäuerlichen Leben der Region widmet. Zu der Einrichtung gehört auch eine originale Hofanlage aus dem 18. Jahrhundert.

Höft Niederdeutsche Bezeichnung für Landspitze, auch Haupt. Das ➤ *Reddevitzer Höft* wie auch das ➤ *Zickersche Höft* sind beliebte Ausflugsziele auf der Halbinsel ➤ *Mönchgut*.

Hohe Ufer Der vom ➤ *Tipper Ort* bis zum ➤ *Kollicker Ort* reichende Uferabschnitt ist der beeindru-

Blick auf die Hohen Ufer an der Kreideküste Jasmunds

64

Die Insel Hiddensee –
„das geistigste aller
deutschen Seebäder",
so die Meinung des
Dichters Gerhart
Hauptmann

Der Leuchtturm auf
dem Dornbusch weist
Schiffern den Weg um
das Nordkap Hidden-
sees.

Hügelgräber ckendste Teil der Jasmunder Kliffküste. Auf einer Länge von etwa
zwei Kilometern bilden die Kreidefelsen eine geschlossene, leicht bogen-
förmige und stellenweise senkrechte
Mauer, die fast durchgehend eine
Höhe von 50 bis 60 Metern erreicht.

Hügelgräber sind aufgeschüttete
Erdhügel, in deren Innern Urnen bei-
gesetzt wurden. Sie entstanden zwischen 1800 und 500 v. Chr. und
kennzeichnen die Bestattungsart der
Bronze- und auch der nachfolgenden Eisenzeit. Das größte auf Rügen
noch bestehende Hügelgrab ist der
➤ *Dobberworth* bei ➤ *Sagard*.

Humboldt, Wilhelm von (1767–
1835) Der Staatsmann und Sprach-
forscher, nach dem die Berliner Universität benannt wurde, besuchte
Rügen im Sommer 1796. Von ➤ *Sagard*, wo er Quartier bezogen hatte,
unternahm er Ausflüge, die ihn auch
an die Kreideküste ➤ *Jasmunds* und
nach Arkona führten. In seinen Aufzeichnungen betonte er die Mannig-
faltigkeit der rügischen Landschaft:
„(…) daß man hier so viele verschiedene Gegenstände zusammen findet, die man sonst verstreut an-
trifft." Nach einer Wanderung zur
➤ *Stubbenkammer* schrieb er begeis-
tert: „Es ist nicht möglich, einen ein-
facheren und erhabeneren Anblick
zu finden, eine bloße Öffnung ins
Meer, aber die unendliche Ebene so
frei und groß daliegend, und der
Schauplatz, von dem man sie sieht,
so kühn und fest gegründet, so
wunderbar gestaltet durch die Ecken
und Winkel der Felsen (…)."

Hünengräber Jungsteinzeitliche Grabanlagen aus zum Teil riesigen Findlingsblöcken, die in großer Zahl vor allem im norddeutschen Flachland, in England und Skandinavien verbreitet waren. Auch als Megalith- bzw. Großsteingräber bezeichnet. Sie sind die stummen Zeugen einer 4000 bis 5000 Jahre zurückliegenden Kultur, die außer Keramikgefäßen und steinernen Werkzeugen nichts anderes als diese monumentalen Grabstätten hinterlassen hat. Auf Rügen ist vor allem der ➤ *Dolmen* bzw. Großdolmen bekannt, der für Kollektivbestattungen benutzt wurde. Dabei handelt es sich um eine Kammer, die von zwei bis vier Tragsteinen auf jeder Seite und ebensovielen Decksteinen gebildet wird. Von den 229 Hünengräbern, die man Anfang des 19. Jahrhunderts auf der Insel zählte, ist heute nur noch etwa ein Viertel erhalten. Die meisten wurden zerstört oder als Baumaterial abgetragen. Bedeutende Hünengräber auf Rügen sind u. a. das ➤ *Herzogsgrab* im Mönchguter Forst, das Hünenbett von Nobbin sowie die Großsteingräber bei ➤ *Lancken-Granitz.*

Hünengräber

Jungsteinzeitliche Grabanlage am Meer: das Hünenbett bei Nobbin

Jagdschloss Granitz

Jagdschloss Granitz Bedeutendster Profanbau Rügens und eines der bekanntesten Baudenkmäler im norddeutschen Raum. Mit fünf zinnenbewehrten Türmen thront das Schloss auf dem 107 Meter hohen Tempelberg, umgeben von den Buchenwäldern der → *Granitz*. Es entstand auf Veranlassung von Wilhelm → *Malte I.,* Fürst von Putbus, und wurde zwischen 1836 und 1846 nach Plänen des Berliner Architekten Johann Gottfried → *Steinmeyer* ausgeführt. Der 38 Meter hohe Mittelturm geht auf Entwürfe von Karl Friedrich → *Schinkel* zurück. Eine kunstvoll gearbeitete gusseiserne Treppe mit filigran durchbrochenen Stufen führt im Innern zu einer Aussichtsplattform, die den Blick auf die Mönchguter Boddenlandschaft aus der Vogelperspektive ermöglicht. Sehenswert sind auch die historischen Räume des Jagdschlosses.

Jaromar I. Slawischer Rügenfürst von etwa 1163 bis 1218. Auf Einladung Heinrichs des Löwen nahm er 1163 gemeinsam mit seinem Bruder → *Tezlaw* an der Einweihung des Lübecker Doms teil – vermutlich um des lieben Friedens willen, denn zuvor hatte der Sachsenherzog die Küste Rügens angegriffen und, wie es scheint, dabei die → *Ranen* besiegt. Nach der Eroberung Rügens mit der Erstürmung der Tempelfestung von Arkona (→ *Kap Arkona*) 1168 unterwarf sich Jaromar der dänischen Krone, trat zum Christentum über und lenkte fortan die Geschicke der Insel als Lehnsmann der Dänen.

Jagdschloss Granitz.
Der 38 Meter hohe
Mittelturm entstand
nach Plänen von Karl
Friedrich Schinkel.

Eingemauert in die
westliche Außenwand
der Marienkirche in
Bergen: Grabstein
des Slawenfürsten
Jaromar I.

Jaromar II.

Jaromar II. Sohn von ➤ *Wizlaw I.*, Rügenfürst von 1249 bis 1260. Er verlieh Barth (1255) und Damgarten (1258) das Stadtrecht.

Jaromarsburg Ein dem Slawengott ➤ *Swantevit* geweihtes Heiligtum am ➤ *Kap Arkona*. Um die Mitte des 12. Jahrhunderts war es das letzte geistige und politische Zentrum des bereits von allen Seiten arg bedrängten Slawentums. „Sie liegt hoch auf einem Felsenkap und ist im Osten, Süden und Norden durch die natürlichen Steilhänge geschützt, deren Höhenrand ein Geschützpfeil unten vom Meere her nicht erreichen kann", schrieb der Chronist ➤ *Saxo Grammaticus*. Im Mittelpunkt des Heiligtums stand die hölzerne Statue des Götzenbilds. Auf dem Burggelände fanden Stammesversammlungen, Märkte und Kultfeiern statt, zu denen auch auswärtige Kaufleute eingeladen waren. Mit der Zerstörung der Tempelfestung 1168 durch die Dänen unter Führung des Bischofs ➤ *Absalon* von Roskilde wurde Rügen dänisches Lehen.

Jasmund Nordöstliche Halbinsel, die durch nehrungsartige Landbrücken mit den übrigen Inselkernen zusammenhängt: Die ➤ *Schaabe* verknüpft sie mit ➤ *Wittow*, während die ➤ *Schmale Heide* eine Verbindung zum eigentlichen Rügen herstellt. Ein weiterer, künstlich geschaffener Zusammenschluss mit dem zentralen Inselteil wird durch die Dammaufschüttung zwischen dem ➤ *Großen* und ➤ *Kleinen Jasmunder Bodden* bei ➤ *Lietzow* geschaffen. Die Ostküste Jasmunds mit ihren steil aufragenden, bis über 100 Meter hohen Kreidefelsen gehört zu den schönsten Meeresufern Europas. Zusammen mit dem Waldgebiet der ➤ Stubnitz bildet sie das Herz des ➤ Nationalparks Jasmund.

Juliusruh An der Bucht der ➤ Tromper Wiek gelegenes Seebad, das von hübschen Strandpensionen, aber auch von moderner Zweckarchitektur des Fremdenverkehrs bestimmt wird. Auffallend ist ein großflächiger Park, den Ende des 18. Jahrhunderts der größte Grundbesitzer auf ➤ Wittow, Julius von der Lancken, in Verbindung mit seiner Sommerresidenz angelegt hat. Nachdem der Besitz wenige Jahre später verkauft worden war, verwilderte die zur einen Hälfte im französischen Stil und zur anderen Hälfte als Landschaftspark konzipierte Grünanlage. Obwohl das ursprüngliche Gestaltungsprinzip durch Wildbesamung und Überwachsungen nur noch schwer erkennbar ist, hat der Park an Schönheit nichts eingebüßt.

*Leuchttürme am
Kap Arkona*

Kap Arkona 46 Meter hohes, steil zum Meer abfallendes Kreidekliff nahe der Nordspitze Rügens. Schon von Weitem fallen die beiden → *Leuchttürme* ins Auge, die für die Insel beinahe ebenso charakteristisch sind wie der → *Königsstuhl*. Der kleinere, ein knapp 20 Meter hoher viereckiger Backsteinbau, entstand zwischen 1826 und 1829 nach Entwürfen von Karl Friedrich → *Schinkel*. Die Leuchtkraft der parabolischen Scheinwerfer mit 17 Rüböllampen reichte etwa acht Seemeilen weit. Nach 75 Jahren ununterbrochener Betriebsdauer entsprach die Leistung nicht mehr den Anforderungen des weiterentwickelten Systems der Leuchtfeuerkennzeichnung. So wurde Anfang des 20. Jahrhunderts neben dem alten ein neuer Leuchtturm errichtet. Dieser ist rund 35 Meter hoch und mit zwei elektrischen Lampen von je 1000 Watt ausgestattet. Sein durch Scheinwerferlinsen verstärktes Licht strahlt bis zu 23 Seemeilen weit. Damit hat der Vorgängerbau aber längst nicht ausgedient; neben seiner Funktion als baugeschichtliches Denkmal erfüllt er neuerdings auch die Aufgabe eines Standesamtes und stellt Heiratswilligen für ihre Trauung ein außergewöhnliches Ambiente zur Verfügung. Ständiger Trauzeuge ist die Büste von Schinkel. Die anschließende Hochzeitsnacht kann das Paar dann stilgerecht im Häuschen des Leuchtturmwärters verbringen. Das bedeutendste Kulturdenkmal von Arkona aber ist ein Wallhügel, der einst die → *Jaromarsburg*, eines der großen slawischen Heiligtümer westlich der Oder, umschloss. Die ursprüngliche Ausdehnung der im 6. Jahrhundert n. Chr. geschaffenen Anlage umfasste eine Fläche von 300 x 350 Metern. 1168 wurde die Tempelfestung Arkona von den Dänen nach verschiedenen früheren Belagerungen endgültig eingenommen und zerstört. Die rügischen Slawenfürsten und ihr Volk mussten sich der dänischen Krone unterwerfen und sich verpflichten, den christlichen Glauben anzunehmen. Kap Arkona gehört heute zu den Hauptsehenswürdigkeiten Rügens. Zum Schutz der Natur wurde das gesamte Gebiet seit 1993 als eine verkehrsberuhigte Zone ausgewiesen. Besucher müssen ihr Auto auf dem Parkplatz am Ortseingang von ➤ *Putgarten* abstellen. Von dort geht es nur zu Fuß, per Kutsche oder mit der Arkona-Bahn zu den Leuchttürmen (ca. 1,2 Kilometer) bzw. zum Fischerdorf ➤ *Vitt*.

Blick auf Kap Arkona. Nahe dem Hochufer sind die Reste des slawischen Wallhügels zu sehen.

Kapelle Der Name des zur Gemeinde ➤ *Gingst* gehörenden Orts geht auf das Kirchengebäude eines ehemaligen feudalen Guts zurück. Auffälligster Bau ist das 1843/44 durch die Familie von Platen errichtete ➤ *Herrenhaus*, an dessen vorderer Fassade ein Treppenturm mit spitzem Kegeldach hervortritt. 1914 wurde das Gebäude mit neubarocken Formen ausgestattet.

Das Herrenhaus von Kapelle war einst Wohnsitz der Adelsfamilie von Platen.

Karnitz Die kleine Gemeinde nördlich von ➤ *Garz* bestand in ihrer Vergangenheit zeitweise nur aus einem Adelshof und zwei Bauernhöfen. Das stattliche ➤ *Herrenhaus* im Stil der Tudorgotik beherrscht auch

Herrenhaus von Karnitz

Kieler Bach

heute noch das Ortsbild. Es wurde durch Graf Guido von Usedom errichtet, dessen Familie den Besitz Anfang des 19. Jahrhunderts erworben hatte.

Kieler Bach Einer der zahlreichen Bäche der → *Stubnitz*. Kurz vor seiner Mündung in die Ostsee trifft er mit dem Brisnitzer Bach zusammen und springt vom Hochufer in einem etwa vier Meter hohen Wasserfall auf den Feuersteinstrand. Zwischen beiden Bächen, die in ihrem Verlauf tiefe Einschnitte gegraben haben, erhebt sich ein schmaler, hügeliger Keil – im Niederdeutschen „Kiel" genannt –, der dem Bach seinen Namen gegeben hat.

Mit einem Wasserfall stürzt sich der Kieler Bach auf den Feuersteinstrand der Kreideküste.

Klein Zicker Kleine, hügelige Halbinsel (höchster Punkt 38 Meter) am südlichen Ende des → *Mönchguts* mit dem gleichnamigen, zur Gemeinde → *Thiessow* gehörenden Fischerdorf. Im Norden wächst ein Sandhaken, der „Lüttzicker Urt", in den Zicker-See, der sich vermutlich mit dem gegenüberliegenden Haken von → *Groß Zicker* bereits verbunden hätte, würde die Fahrrinne dazwischen nicht künstlich freigehalten. Der Haken bildet eine kleine Bucht, in der die alte Hafenanlage „Zicker-See" liegt.

Kleine Stubbenkammer → *Stubbenkammer*

Kleiner Jasmunder Bodden Binnensee, der ursprünglich Teil einer großen Ostseebucht war, bevor diese durch Sandanschwemmungen der

→ *Schmalen Heide* vom offenen Meer abgetrennt wurde. Vom → *Großen Jasmunder Bodden* ist er durch den Lietzow-Damm abgeriegelt; kleine Schleusenöffnungen ermöglichen dort den Wasseraustausch und den Fischdurchzug.

Kliff Felsiger Steilhang einer Küste, wie etwa das Kreidekliff von → *Jasmund*. Abgeleitet vom mittelniederdeutschen *klif* = schroffer Felsen.

Klima Rügen und seine Umgebung stehen unter dem Einfluss des Ostseeküstenklimas von Mecklenburg-Vorpommern, das durch einen raschen Wechsel zwischen maritimen und kontinentalen Einwirkungen gekennzeichnet ist, wobei die maritime Beeinflussung überwiegt. Die durchschnittliche → *Sonnenscheindauer* während der Monate Mai bis einschließlich August beträgt monatlich rund 260 Stunden; im Juni ist die Wahrscheinlichkeit eines lange andauernden wolkenlosen Himmels am höchsten. Die mittlere maximale Lufttemperatur liegt im Sommer zwischen Juli und August bei 19,4 Grad; vorübergehend aber kann in dieser Zeit das Thermometer auch auf 35 Grad klettern. Aufgrund der mannigfaltigen Oberflächengestaltung Rügens kommt es allerdings zu erheblichen Klimadifferenzen. So sind die Hochlagen der → *Stubnitz* mit einem jährlichen Niederschlag von 680 Millimetern Rügens Feuchtgebiet, während das kaum 30 Kilometer entfernte → *Thiessow* auf der Halbinsel → *Mönchgut* mit 498 Millimeter Niederschlag pro Jahr zu den trockensten Orten der deutschen Ostseeküste gehört.

Klippe Aus einem ➤ *Kliff* durch Brandungs- und Witterungserosion entstandener Felsen im Meer oder an der Küste. Typische Beispiele für eine Klippenbildung sind die Kleine Stubbenkammer (➤ *Stubbenkammer*) oder die ➤ *Wissower Klinken*.

Kloster St. Jürgen ➤ *Rambin*

Kollicker Ort Ausgeprägter Ufervorsprung an der Kreideküste ➤ *Jasmunds*, der das nördliche Ende der senkrecht aufsteigenden ➤ *Hohen Ufer* markiert. Auf halber Höhe des bewaldeten Steilhangs schimmert ein kleiner Leuchtturm zwischen dem Ufergrün.

Koloss von Prora Bezeichnung für die von den Nationalsozialisten hinterlassene Bauruine der „Kraft-durch-Freude"-Ferienanlage in ➤ *Prora*.

Königslinie Seit 1909 bestehende ➤ *Fährverbindung* zwischen ➤ *Sassnitz* und Trelleborg. Bereits zwölf Jahre zuvor verkehrte eine Postdampferlinie zwischen Sassnitz und Malmö.

Königsstuhl 117 Meter hoher Kreidefelsen an der Ostküste ➤ *Jasmunds*, dessen Form einer abgestumpften Pyramide gleicht. Einen treffenderen Namen konnte man ihm nicht geben, denn von der Wasserebene aus betrachtet, mutet sein Anblick tatsächlich majestätisch an:

*Blick auf die Kreide-
kliffs an der Ostküste
Jasmunds bis zum
Kollicker Ort*

*Ein majestätischer
Anblick: der 117 Meter
hohe Königsstuhl*

Kopfweiden Mit fast senkrechten Wänden steigt er strahlend weiß aus dem Ufergrün empor. Oben bildet er ein etwa 200 Quadratmeter großes Plateau, das als Aussichtsterrasse zu den meistbesuchten Ausflugszielen Rügens gehört. Der Name wird einer Legende zugeschrieben, derzufolge der schwedische König Karl XII. von der Höhe dieses Kreidekliffs den Verlauf einer Seeschlacht im Jahre 1715 während des Nordischen Kriegs beobachtet haben soll.

Kopfweiden gehören zum Landschaftsbild der rügenschen Acker- und Wiesenflächen. Die neuen Triebe werden regelmäßig beschnitten, wodurch das Stammende kopfförmig verdickt und der Baum sein charakteristisches Aussehen erhält.

Kosegarten, Gotthard Ludwig Theobul (1758–1818) Dichter und Pfarrer, wirkte seit 1792 16 Jahre lang als Propst in → *Altenkirchen* auf Rügen. Er wurde bekannt durch seine Uferpredigten, die er den Fischern von → *Vitt* ursprünglich unter freiem Himmel hielt. Später ließ er am Hochufer eine Kapelle (→ *Uferkapelle*) errichten, um die Andachten auch bei schlechtem Wetter stattfinden zu lassen. Sein Altenkirchener Pfarrhaus machte er zum Treffpunkt schöngeistiger und künstlerischer Menschen: Caspar David → *Friedrich*, Philipp Otto → *Runge*, Wilhelm von → *Humboldt*, Friedrich Schleiermacher oder Johann Jacob → *Grümbke* sind nur einige der bekannten Persönlichkeiten, die dort zu Gast waren. Mit Goethe, Schiller und Herder stand Kosegarten in brieflichem Kontakt. 1808 trat er eine Professorenstelle für Geschichte an der Greifswalder Universität an. Sein heute nur wenig beachtetes literarisches Werk umfasst neben einfühlsamen Gedichten, geheimnisvollen Hymnen, Legenden sowie Übersetzungen englischer und schottischer Gedichte des 18. Jahrhunderts vor allem die idyllischen Epen „Jucunde" und „Die Inselfahrt" sowie „Ewalds Rosenmonde". Mit diesen wie auch weiteren Dichtungen trug er dazu bei, dass man sich auch im fernen Berlin, Hamburg oder Dresden für Rügen zu interessieren begann.

Kraniche sind auf Rügen durchziehende Gäste. Wenn die Vögel im Herbst aus ihren nord- und nordosteuropäischen Brutgebieten zu den Winterquartieren in Südeuropa wechseln und im Frühjahr die gleiche Strecke in umgekehrter Richtung zurücklegen, unterbrechen sie den langen Flug und suchen für einige Wochen u. a. die Flachwasserbodden im Westen der Insel als Schlaf- und Rastplätze auf. Hier finden sie die nötige Ruhe und auf den umliegenden Feldern auch ausreichend Nahrung, um Kraftreserven für den Weiterflug aufzubauen. Bevorzugte Kranich-Rastplätze sind seit Jahrhunderten die Sandbänke der Udarser Wiek.

Kreide Die Kreide, aus der u. a. die Steilküste → *Jasmunds* hauptsächlich besteht, hat sich vor 65 bis 70 Millionen Jahren in den Sedimenten eines über Nordeuropa ausgedehnten

Kreide

Kraniche bei der Nahrungssuche auf einem abgeernteten Getreidefeld

Meeres gebildet. Zu 70 Prozent setzt sie sich aus den kalkhaltigen Schuppen und Gehäuseresten, sogenannten ➤ *Coccolithen*, von winzigen Lebewesen (z. B. Geißelalgen) zusammen, die sich mit anderen Meeresablagerungen in Millionen von Jahren zu einer dicken Schicht verfestigt haben. Im Laufe der Erdgeschichte wurde dieser Kreidegrund durch tektonische Kräfte emporgehoben und später von eiszeitlichen Gletschern gestaucht und überformt.

Kreideherstellung 1932: Zu handlichen Fladen geformt, wird der aufgeschlämmte Kreideteig in Gestellen zum Trocknen ausgelegt.

Kreidegewinnung Noch zu Beginn des 19. Jahrhunderts war man der Meinung, dass es aus wirtschaftlichen Gründen vorteilhafter gewesen wäre, die Natur hätte auf Rügen anstelle von Kreide massive Felsen geschaffen, die sich als Steinbrüche nutzen ließen. Die Einstellung änderte sich wenige Jahrzehnte später, als man den Wert der Kreidevorkommen als wichtigen Rohstofflieferanten in der Chemie, Pharmazie oder der Bauindustrie entdeckte. 1845 wurde in ➤ *Sassnitz* die erste Schlämmerei Rügens in Betrieb genommen. Bald erkannte man auch die Bedeutung der Kreide als Heilmittel. Nach neuerlichen Gutachten wird ihr ein hoher balneotherapeutischer Wert bescheinigt.

KulturKunststatt Galerie mit wechselnden Ausstellungen in ➤ *Prora*.

Lancken-Granitz Kleine, einst zum Hause Putbus gehörende Ortschaft am Rande der → *Granitz*. Bemerkenswert sind die Andreaskirche (15. Jahrhundert), das Pfarrhaus (Fachwerkbau von 1770) und der südwestlich der Kirche gelegene alte Krügerhof, der auch heute noch als Gaststätte betrieben wird. Wenige hundert Meter südwestlich liegt ein prähistorisches Gräberfeld mit fünf → *Hünengräbern*, die von Ackerbauern und Viehzüchtern der Jungsteinzeit vor rund 4300 Jahren für verstorbene Sippenangehörige und zur Ahnenverehrung angelegt wurden.

Landwirtschaft Traditioneller Wirtschaftszweig auf Rügen, in dem zu DDR-Zeiten rund ein Drittel aller Erwerbstätigen beschäftigt war. Seit der Wiedervereinigung hat sich die durchschnittliche Produktion verdoppelt, die Anzahl der Arbeitsplätze ist jedoch um 80 Prozent zurückgegangen.

Lappe, Karl (1793–1843) Der in Wusterhusen bei Greifswald geborene Dichter war ein auf vielen Gebieten erfolgreich arbeitender Literat. Einige seiner Dichtungen wurden von Beethoven und Schubert vertont. Er übersetzte englische, schwedische und dänische Literatur und bekam 1830 die Ehrendoktorwürde der Philosophischen Fakultät der Universität Greifswald verliehen. Seine Sammlung „Blüten des Alters", die zwei Jahre vor seinem Tod erschien, enthält u. a. den bekannten Hymnus auf → *Schaprode*.

Lauterbach Idyllisch am Rügischen Bodden gegenüber der Insel ➤ *Vilm* gelegener Hafenort, der ursprünglich als Siedlung für eine Anfang des 19. Jahrhunderts gegründete Papiermühle angelegt und wenige Jahrzehnte später zu einem Stützpunkt der Küstenfischerei ausgebaut wurde. Seinen Namen erhielt er nach der Gemahlin des Fürsten Wilhelm ➤ *Malte I.* von Putbus, die eine geborene von Lauterbach war. Heute besteht neben dem Fischereihafen ein großzügig ausgebauter Jachthafen.

Leuchttürme gibt es am ➤ *Kap Arkona*, am ➤ *Kollicker Ort* sowie an der Einfahrt zum Stadthafen von ➤ *Sassnitz* und auf der Mole des Fährhafens von Sassnitz-Mukran.

Liete Bezeichnung für einen Ufereinschnitt an der Steilküste Rügens. Manche Lieten wurden früher als Vitten genutzt. Das waren Einrichtungen, in denen der angelandete Fisch an Ort und Stelle verarbeitet und verkauft wurde. Der berühmteste dieser mittelalterlichen Fischmarktplätze Rügens lag in einer Uferschlucht der Halbinsel ➤ *Wittow*. Aus ihm ging später das Fischerdorf ➤ *Vitt* hervor.

Lietzow Zwischen dem ➤ *Großen* und ➤ *Kleinen Jasmunder Bodden* im Süden der Halbinsel ➤ *Jasmund* gelegener Ort, der aufgrund unzähliger Funde jungsteinzeitlicher Werkzeuge im 19. Jahrhundert der ➤ *Lietzow-Kultur* ihren Namen gegeben hat. An den bewaldeten Uferhängen

Ein hoch aufragender, schlanker Rundturm ist das besondere Merkmal des Schlösschens von Lietzow.

fällt ein hübsches Schlösschen mit zinnenbewehrtem Rundturm ins Auge, in dem man eine Nachbildung von Schloss Lichtenstein bei Reutlingen zu erkennen glaubt. Geschaffen hat es der Erbauer des 1868 angelegten Lietzow-Damms, der Jasmund mit dem eigentlichen Rügen verbindet.

Lietzow-Kultur Kulturelle Epoche, die nach dem rügenschen Ort ➤ *Lietzow* benannt wurde, wo man zwischen 1827 und 1939 Zehntausende jungsteinzeitliche Werkzeuge gefunden hat.

Lobbe Das bei ➤ *Middelhagen* gelegene Ostseebad ist wegen seines weißen, feinsandigen Strandes bekannt, der sich vom ➤ *Lobber Ort* an der Mönchguter Außenküste ohne Unterbrechung bis nach ➤ *Thiessow* erstreckt.

Lobber Ort 19 Meter hohes ➤ *Kliff* an der Ostküste ➤ *Mönchguts* bei ➤ *Lobbe*. Durch die Abtragungskräfte ist der jährliche Landverlust an dieser Stelle beträchtlich, denn bei Hochwasser oder stürmischer See reichen die Brandungswellen bis an das Steilufer.

Lohme Verträumt liegender, einst hauptsächlich von Fischern bewohnter Ort an der 70 Meter hohen Steilküste im Norden von ➤ *Jasmund*. Eine steile Treppe führt hinunter zum Hafen, der mittlerweile auch ein weiträumiges Becken für Sport- und Freizeitboote hat. Trotz seines steinigen Strandes gehörte der Ort einst

Lotsenberg zu den beliebtesten Ostseebädern auf Rügen. Die herrliche Aussicht vom Steilufer auf das Meer, die Nähe zum ➤ *Königsstuhl* und der angrenzende Stubnitzwald, der seine von Seeluft durchdrungene Frische verströmt, machten die ungünstigen Badebedingungen mehrfach wett. So ist es auch heute. Der Ort bietet zwar kein Badevergnügen, doch wird er wegen seiner Ruhe und als Ausgangspunkt für Wanderungen zur Kreideküste und in die ➤ *Stubnitz* sehr geschätzt. Unter den Myriaden kleiner und größerer Steine an der Lohmer Küste fällt vor allem der 162 Tonnen schwere ➤ *Schwanenstein* ins Auge.

Lotsenberg 38 Meter hohe Erhebung am ➤ *Südperd* bei ➤ *Thiessow*, auf der früher der 1906 errichtete Lotsenwachturm stand. Dort gab es auch eine Böllerkanone, mit der man Schiffe, die Staatsgäste an Bord hatten, durch Salutschüsse begrüßte. Ganz in der Nähe gewährt der Aussichtsberg „Kleiner Königsstuhl" einen weiten Blick über den Greifswalder Bodden bis nach Usedom.

Luise Museumsschiff am Südstrand von ➤ *Göhren*. Das kleine Frachtschiff wurde 1906 gebaut und verrichtete bis 1974 an der rügischen Küste seinen Dienst.

Malte I., Wilhelm (1783–1854) stammte aus dem alten Geschlecht der Herren von Putbus und war einer der größten Bauherren auf Rügen. Zwischen 1808 und 1823 legte er ➤ *Putbus* als Residenz und Badeort an. Anregungen für das ehrgeizige Vorhaben hatte er in den mecklenburgischen Orten Bad Doberan und Heiligendamm sowie während einer Italienreise 1810/11 bekommen. 1807 verlieh ihm der schwedische König die Fürstenwürde, die zehn Jahre später vom preußischen Regenten bestätigt wurde. Im Putbuser Schlosspark steht sein Denkmal; es zeigt ihn als Generaladjutanten des schwedischen Kronprinzen Bernadotte.

Denkmal des Fürsten Wilhelm Malte I. im Putbuser Schlosspark

Megatlithgräber Großsteingräber der Megalithkultur, auch als ➤ *Hünengräber* bezeichnet.

Middelhagen Ortschaft auf der Halbinsel ➤ *Mönchgut*, die vor rund 700 Jahren von Mönchen des Klosters ➤ *Eldena* im Zusammenhang mit Rodungsarbeiten gegründet worden war. Schmuckstück der Gemeinde ist die um 1430 aus Feld- und Backsteinen errichtete Pfarrkirche St. Katharina, deren Bau ebenfalls auf die Ordensmänner zurückgeht. Zu ihrer Innenausstattung gehört ein um 1480 geschnitzter Altarschrein mit szenischen Darstellungen aus dem Leben der heiligen Katharina. Nahe der Kirche stehen zwei reizvolle Häuser: ein ➤ *Hallenhaus* aus dem 17. Jahrhundert mit tief heruntergezogenem Rohrdach sowie das ehemalige Küsterhaus von

Der Altarschrein der Pfarrkirche von Middelhagen stellt Szenen aus dem Leben der heiligen Katharina dar.

Ehemaliges Küsterhaus in Middelhagen, heute Schulmuseum

1830, in dem heute ein Schulmuseum untergebracht ist; beide Gebäude gehören zu den ➤ *Mönchguter Museen*.

Mönchgraben Ein vermutlich aus slawischer Zeit stammender Wallgraben, der die Grenze zwischen der historischen Landschaft des ➤ *Mönchguts* und dem übrigen Rügen markiert. Er verläuft am nördlichen Ortsrand von ➤ *Baabe* entlang der schmalsten Stelle zwischen Ostsee und ➤ *Selliner See*. Der Name deutet zwar auf die Zisterzienser-Mönche von ➤ *Eldena* hin, unter deren Herrschaft das Mönchgut einst stand, doch manche Hinweise lassen vermuten, dass Teile des Wallgrabens älter sind als die Klosterherrschaft.

Mönchgut Ca. 29 Quadratkilometer große Halbinsel im Südosten Rügens, die sich von der historischen Markierungslinie des ➤ *Mönchgrabens* bei ➤ *Baabe* in einer Länge von rund elf Kilometern nach Süden erstreckt. Ihr besonderer Reiz besteht in dem vielgestaltigen Landschaftsbild, das sich aus einer Gruppe verschiedener Inselkerne wie ein Archipel zusammensetzt. Diese bis zu rund 66 Meter hohen Erhebungen sind durch flache Landstreifen – sandige Nehrungen, vermoorte Niederungen, Salzwiesen und Heideflächen –, die mitunter nicht mehr als einen halben Meter über dem Meeresspiegel liegen, miteinander verbunden. Die der Ostsee zugewandte Küstenseite besteht aus weiten, sanft geschwungenen Strandabschnitten, die nur an einigen Stellen durch steil abfallende → *Kliffs* unterbrochen werden. Die gegenüberliegende Boddenküste zeigt ein ständiges Wechselspiel zwischen tief in das Land eingreifenden Buchten und weit ins Meer vorspringenden Landzipfeln und -armen. Das Mönchgut wurde bereits im 13. Jahrhundert von deutschen Einwanderern besiedelt. Sie waren den Mönchen von → *Eldena* gefolgt, die das Gebiet mit den Ländereien → *Reddevitz* (1252) und Zicker (1360) erworben hatten.

Mönchguter Museen Museumsensemble mit Heimatmuseum, Museumshof, → *Rookhuus* und Museumsschiff → *Luise*. Alle diese Einrichtungen sind in → *Göhren* angesiedelt. Weiterhin gehört das Schulmuseum in → *Middelhagen* mit einem benachbarten → *Hallenhaus* dazu.

Mönchguter Tracht Aufgrund der abgeschiedenen Lage und des isolierten Lebens blieben traditionelle Sitten und Gewohnheiten auf → *Mönchgut* länger erhalten als in anderen Gebieten Rügens. Noch Anfang des 20. Jahrhunderts spielte dort die volkstümliche Tracht eine bedeutende Rolle – nicht nur bei bestimmten Anlässen wie Kirchgang, Trauer oder Feier, sondern auch im Alltag. Natürlich sah die bei der Arbeit angelegte Tracht etwas anders aus als jene, die bei einer Hochzeit getragen wurde. Allgemein aber fiel bei den Männern die weiße Pluderhose ins Auge, während für die Frauenbekleidung der weite, falten-

Mönchguter Tracht

Mönchguter Heimatmuseum in Göhren

Mordwange reiche Rock mit Schürze sowie das mit farbigen Perlen besetzte Brusttuch charakteristisch waren. Erst mit zunehmendem Badetourismus und unter dem Einfluss von Fremden wurde die tradtionelle Mönchguter Kleidung allmählich abgelegt.

Mordwange Sühnestein für den Mord an einem Geistlichen. Ein solcher Stein befindet sich an der Ostseite der Kirche von → *Gingst*. Er wurde im 14. Jahrhundert für einen Gemeindepastor aufgestellt, der von einem Adligen mit dem Bierkrug erschlagen worden war.

Moritzburg Auf einem 37 Meter hohen Stauchmoränenhügel zwischen dem → *Selliner See* und der → *Having* gelegenes, über 100 Jahre altes Lokal mit Aussichtsterrasse.

Moritzdorfer Beek Schmale Wasserstraße zwischen dem → *Selliner See* und der → *Having*. Im Frühjahr ziehen Schwärme von Plötzen, die im Selliner See laichen, durch diese → *Beek*.

Museum für Unterwasserarchäologie In seinen Exponaten zeigt das in → *Sassnitz* beheimatete Museum vornehmlich Unterwasserfunde von der deutschen Ostseeküste und informiert über taucharchäologische Arbeitsmethoden. Eines der interessantesten Ausstellungstücke ist das Wrack der sogenannten Gellenkogge. Das einst 30 Meter lange, um 1330 gebaute Handelsschiff wurde vor der Südspitze → *Hiddensees*, dem Gellen, entdeckt und 1997 geborgen. Der Fund gibt Aufschluss über den mittelalterlichen Schiffsbau.

Museumshof Zirkow Der Hof zeigt die vergangene bäuerliche Wirtschafts- und Lebensweise auf Rügen. Zu der musealen Einrichtung gehört auch ein 260 Jahre altes Rauchhaus (→ *Rookhuus*).

Muttland So nannte der Volksmund in früherer Zeit den zentralen Inselteil Rügens. Folgerichtig wurden die Bewohner als „Muttlänner" bezeichnet. „Mutten" war das gebräuchliche Wort für weibliche Schweine. Wurden die Tiere zur Nahrungssuche ins Freie geschickt, lockte man sie mit „Mutt, Mutt".

Nationalpark Jasmund Der Nationalpark erstreckt sich auf der Halbinsel → *Jasmund* zwischen den Orten
→ *Sassnitz* und → *Lohme*. Er wurde
1990 gegründet und schloss die
zuvor schon bestehenden Schutz-
gebiete ein. Insgesamt umfasst der
Park eine Fläche von ca. 3000 Hektar. Dazu gehören das Waldgebiet
der → *Stubnitz*, die Kreideküste mit
Strand und einem 500 Meter breiten
Streifen der Ostsee sowie das Natur-
schutzgebiet Quoltitz mit den stillge-
legten Kreidebrüchen, Feuchtwiesen
und Trockenrasen. Der Wald besteht
überwiegend aus Rotbuchen. Erlen
und Eschen haben sich nur an den
feuchten Standorten durchgesetzt,
während Ahorn und Ulme an den
Ufersteilhängen zu finden sind. An
einigen Stellen entlang dem Hochuferweg wird der aufmerksame
Wanderer auch verschiedene Wild-
obstarten entdecken. An den Uferhängen wachsen Orchideen, während im Bereich der Moore vor allem
seltene Moose, Sonnentau, Riesen-
schachtelhalm und Wollgras botani-
sches Interesse erregen. Mit einigen
Besonderheiten macht auch die
Fauna des Nationalparks auf sich
aufmerksam. Neben eiszeitlichen Re-
likten wie dem Strudelwurm und
verschiedenen Kleinkrebsen sind hier
der Springfrosch und die Schling-
natter heimisch.

*Im Nationalpark
Jasmund: Vom Ufer-
wald bieten sich reiz-
volle Ausblicke auf
die Ostsee.*

**Nationalpark Vorpommersche
Boddenlandschaft** Das großräumi-
ge Schutzgebiet mit dem Rechtssta-
tus eines Nationalparks wurde am
12. September 1990 durch die letzte, demokratisch legitimierte Regie-

rung der DDR geschaffen und zum Bestandteil des Einigungsvertrags gemacht. Mit einer Gesamtfläche von 805 Quadratkilometern reicht es von der Halbinsel Darß/Zingst bis zur Westküste Rügens und schließt dort neben den Boddengewässern auch → *Hiddensee*, → *Ummanz* sowie den → *Bug* von → *Wittow* in seine Grenzen mit ein. Die Boddenlandschaft entstand nach der letzten Eiszeit, als das küstennahe Land durch Anhebung des Ostseespiegels überflutet wurde. Während dieser „nordischen Sintflut" blieben nur die höher liegenden Gebiete als Inseln oder Halbinseln zurück, von denen das Meer in den nachfolgenden Jahrtausenden unaufhörlich Material abtrug und es an anderen Stellen zu Sandhaken und Nehrungen wieder aufbaute. Dieser Prozess vollzieht sich auch gegenwärtig noch. Das geschützte Gebiet umfasst heute eine weitgehend ursprüngliche Naturlandschaft mit Flachwassergebieten und Spülsaumstreifen, mit Dünen, Windwatten, Salzwiesen, Röhrichten und Mooren.

Neddesitz Bauerndorf in Zentral-Jasmund nördlich von → *Sagard*. Das stattliche, 1901 errichtete → *Herrenhaus* ist ein auffälliger Bau, dessen neobarocke Fassadengestaltung mit Jugendstilelementen durchsetzt ist. Restauriert und ausgebaut, wird das Anwesen mit seinen Nebengebäuden seit 1998 als ein exklusives Hotel geführt.

Neukamp ist nicht nur eine kleine Sommerfrische am Rügischen Bod-

Neu Mukran den südlich von ➤ *Putbus*, sondern auch ein geschichtsträchtiger Ort: Hier ging am 13. September 1678 der Große Kurfürst, ➤ *Friedrich Wilhelm*, mit seinen Truppen an Land und zwang das schwedische Heer zum Rückzug.

Neu Mukran Mit dem Ausbau des Fährhafens Sassnitz-Mukran entstand 1998 in der Nachbarschaft des alten Sassnitzer Stadthafens ein neues Tor zum Ostseeraum. Die erweiterten Liegeplätze werden u. a. nicht nur von den Fährschiffen nach Klaipeda (Memel) in Litauen, St. Petersburg und Bornholm, sondern auch von Fracht- und Kreuzfahrtschiffen angelaufen. Auch die ➤ *Königslinie* nach Trelleborg, die mehr als 100 Jahre den Stadthafen angesteuert hatte, legt seit 1998 in Neu Mukran an.

Neu Reddevitz Kleines Fischerdorf am Rügischen Bodden. Knapp zwei Dutzend größtenteils rohrgedeckte Häuser säumen eine gepflasterte Straße, die am Boddenufer endet. Die Ortschaft ist eine verhältnismäßig junge Gründung; sie entstand 1815, als sich 14 Fischerfamilien aus ➤ *Alt Reddevitz* und ➤ *Baabe* hier niederließen. 1928 vereinigten sie sich zu einer Fischerkommune, und 1958 wurden sie in der Fischerbrigade „Gaun Fang" (Guter Fang) zusammengeschlossen. Volle Netze werden auch heute noch eingeholt, doch reichen die damit erzielten Erträge nicht mehr aus, den Lebensunterhalt allein aus der Fischerei zu bestreiten.

Neun Berge Bronzezeitliche → *Hügelgräber* bei → *Rambin*. In alten Volkserzählungen sind diese Erdbuckel von zwergenhaften Wesen bewohnt, die kleine Mädchen und Jungen in ihr unterirdisches Reich entführen. Obwohl die Kinder erst nach 50 Jahren wieder freigelassen werden, sind sie in der Zwischenzeit nicht älter als 20 Jahre geworden.

Nonnenloch Eine Stelle am Strand des → *Zickerschen Höfts*, wo sich einer alten (der Volksfantasie entsprungenen?) Sage zufolge Nonnen des Bergener Klosters heimlich mit Eldenaer Mönchen getroffen haben sollen.

Nonnensee Malerisches Gewässer nahe der Stadt → *Bergen*, dort, wo die Landstraße nach → *Gingst* bzw. → *Schaprode* von der Bundesstraße 96 abzweigt. Der Name bezieht sich auf das gegen Ende des 12. Jahrhunderts gestiftete Nonnenkloster von Bergen. 1967 wurde der See zur Schaffung von Weideland trockengelegt, nachdem ein ähnlicher Versuch Mitte des 19. Jahrhunderts gescheitert war. Im Winterhalbjahr 1993/94 fiel das Schöpfwerk aus, und das einstige Gewässer bildete sich von Neuem: 70 Hektar groß, mit einer Tiefe bis zu anderthalb Metern. Mittlerweile unter Naturschutz gestellt, hat es sich zu einem kleinen ornithologischen Paradies entwickelt, das von zahleichen Vogelarten als Nahrungs-, Rast- und Ruhegewässer sowie als Brutrevier aufgesucht wird. Ein Rundwanderweg mit Beobachtungsständen ermöglicht

Nonnensee

Findlingsblöcke am Nonnenloch

Nordperd Einblicke in dieses von einem breiten Schilfgürtel umschlossene Naturreservat.

Nordperd Markanter Küstenvorsprung bei ➤ *Göhren* (Mönchgut), auch Göhrener Höft genannt. Siehe auch ➤ *Perd*. Um das ➤ *Kliff* führt ein Hochuferweg mit lohnenswerten Ausblicken auf Strand und Meer.

Oi auch **Öhe** oder **Oie** ist die pommersche Bezeichnung für eine kleine Insel. Zum Beispiel Greifswalder Oie oder das vor → *Schaprode* liegende Inselchen Öhe.

Olle Flunner Alte Flunder, so nannten die Einheimischen den 1856 im Fährverkehr zwischen Stralsund und → *Altefähr* eingesetzten Raddampfer wegen seiner platten, breiten Form. Sie war das erste maschinenbetriebene Schiff auf dieser Strecke und verdrängte die Ruderboote, die zuvor jahrhundertelang im Dienst des Fährbetriebs gestanden hatten.

Ort Eine auf Rügen häufig vorkommende geografische Bezeichnung für einen vorspringenden Küstenteil. Beispiele: → *Tipper Ort*, → *Lobber Ort*, → *Gellort*, Freesenort, Palmer Ort und viele andere Orte.

Ostsee-Entwicklungsstadien Gemessen an geologischen Zeitmaßstäben ist die Ostsee ein sehr junges Meer. In ihrer Entwicklung lassen sich vier Abschnitte erkennen. Im ersten Stadium gegen Ende der letzten Eiszeit bildete sich zwischen 12 000 bis 8300 v. Chr. in der Baltischen Senke ein aus Schmelzwassern genährter Binnensee, der sogenannte Baltische Eisstausee. In ihrem zweiten Stadium, zwischen 8300 und 6800 v. Chr., war die Ostsee deutlich größer als heute und hatte Verbindung zur Nordsee und zum Weißen Meer. Nach den damaligen Ablagerungen einer Muschelart bezeichnet man sie als Yoldia-Meer. Im dritten Stadium, zwischen 6800 und

**Ostsee-
Entwicklungs-
stadien**

5500 v. Chr., wurde die Ostsee durch eine tektonisch bedingte Landhebung von ihren Nachbarge-wässern wieder abgetrennt. Dadurch entwickelte sie sich zu einem Süß-wasserbinnensee, der nach einer da-mals vorkommenden Schneckenart Ancylus-See heißt. In der nachfol-genden, als Litorina bezeichneten Zeit zwischen 5500 und 2500 v. Chr. bekam die Ostsee durch Steigung des Meeresspiegels wieder Verbin-dung zur Nordsee und nahm ihre heutige Gestalt an.

Patzig Ländlich-bäuerlich geprägte Ortschaft im Nordwesten Rügens. Eine Besonderheit ist die ab 1400 in verschiedenen Bauabschnitten entstandene Backsteinkirche, zu deren Ausstattung ein gotischer Altarschrein aus der Mitte des 15. Jahrhunderts gehört.

Peilturm Am ➤ *Kap Arkona*, nahe dem slawischen Burgwall, errichtete die deutsche Kriegsmarine 1927 neben anderen technischen Überwachungsanlagen einen Peilturm, von dem nach dem Zweiten Weltkrieg nur noch eine Backstein-Ruine übrig blieb. In den vergangenen Jahren wurde der Bau saniert und für Ausstellungszwecke hergerichtet.

Perd ist ein slawisches Wort und bedeutet „Vorsprung". Es kommt in geografischen Bezeichnungen vor: ➤ *Nordperd* oder ➤ *Südperd* sind Küstenvorsprünge bei ➤ *Göhren* und ➤ *Thiessow*.

Pfarrwitwenhaus In früherer Zeit eine soziale Einrichtung der kirchlichen Gemeinde, die der mittellosen Pastorenfrau nach dem Tode ihres Mannes ein neues Heim zur Verfügung stellte und sie mit dem Lebensnotwendigen versorgte. Denn in der Regel musste die Witwe das Pfarrhaus für den nachfolgenden Pastor und dessen Familie räumen.

Pfennigkasten Jungsteinzeitliches Großsteingrab in der ➤ *Stubnitz*, etwa eine Viertelstunde zu Fuß vom ➤ *Herthasee* entfernt. Es besteht aus mehreren großen, im Viereck zusam-

Pfennigkasten

Das Pfarrwitwenhaus in Groß Zicker verkörpert die rügensche Variante eines niederdeutschen Hallenhauses.

Piekberg mengefügten Steinen, um die eine Reihe kleinerer Steine kreisförmig angeordnet ist. Nach altem Volksglauben soll hier die germanische Göttin Hertha das ihr geopferte Geld aufbewahrt haben. Die Bezeichnung „Pfennigkasten" bezieht sich auf diese Überlieferung.

Piekberg Rügens höchste Erhebung (161 Meter) liegt auf der Halbinsel ➤ *Jasmund* in der ➤ *Stubnitz*.

Pistorius, Charlotte (1776–1850) Tochter des Garzer Propstes F. S. Theodor Pritzbuer. Sie war mit Ernst Moritz ➤ *Arndt*, der bis 1817 mehrere Male zu Gast im Garzer Pfarrhaus war und mit dem sie einen intensiven Briefwechsel führte, seit ihrer Jugendzeit eng befreundet. „Die Pistorius ist eine sehr wackere und treue Frau", schrieb der Dichter in einem Brief 1820. „Es hat mich immer vieles hingezogen zu jenem treuen, regen und lebendigen Geist." Eine Tafel auf dem Garzer Friedhof erinnert an die langjährige Freundschaft, die beide verband. Charlotte Pistorius heiratete den Sohn des benachbarten Poseritzer Pastors, J. P. Pistorius, der nach dem Tod ihres Vaters die Garzer Pfarrei übernommen hatte. Die Eheschließung war vermutlich eine der damals üblichen Einheiraten in eine vakant gewordene Pastorenstelle.

Pizamar Auf ➤ *Jasmund* verehrte slawische Gottheit, die als eine dem Menschen wohlgesinnte höhere Kraft betrachtet wurde.

Pleistozän Früher auch Diluvium genannt, war die letzte der großen Eiszeiten im Verlauf der Erdgeschichte. Sie soll etwa eine Million Jahre gedauert haben und endete vor 12 000 Jahren. Die Vereisung während des Pleistozäns verlief in verschiedenen Phasen und veränderte sich durch mehrmaligen Klimawechsel. In Norddeutschland gab es drei ausgeprägte Eisbedeckungen, die als Elster-, Saale und Weichseleiszeit bezeichnet werden. In den zwischengeschalteten Warmzeiten zogen sich die Gletscher zurück, während sie bei erneuter Abkühlung wieder vorstießen. In diesem stetig ablaufenden Prozess entstand das Relief Rügens mit Grund-, End- und Stauchmoränen. Die entscheidende Landschaftsgestaltung, der die Insel ihr heutiges Aussehen verdankt, vollzog sich hauptsächlich erst im letzten Abschnitt des Pleistozäns und verlief in einem für geologische Verhältnisse kurzen Zeitraum während der letzten 15 000 Jahre.

Plinius d. Ä. (23/24–79 n. Chr.) Römischer Offizier, Schriftsteller und Gelehrter. Seine 37 Bücher umfassende Naturgeschichte enthält auch eine Abhandlung über das „Bernsteinland". Bei diesen Schilderungen, die auf Berichten des griechischen Seefahrers ➤ *Pytheas von Massilia* beruhen, gibt er Kunde von einer germanischen Bevölkerung im Ostseeraum.

Poltenbusch Ein ➤ *Hügelgrab* südlich vom ➤ *Garzer See*. Der Name bezieht sich auf eine als „Polten"

Poltenbusch

Porenut bezeichnete Bootsart, mit der flache Gewässer befahren werden konnten. Man vermutet, dass in früherer Zeit zwischen ➤ *Garz* und der Puddeminer Wiek eine Wasserverbindung bestanden hat, auf der diese Boote verkehrten.

Porenut, auch **Perun** oder **Paromütz** gehörte zu den in ➤ *Garz* verehrten slawischen Göttern. Die Darstellungen zeigen ihn als eine menschliche Gestalt mit vier Gesichtern. Ein fünftes schaut aus der Brust.

Die Ortschaft Poseritz hat eine gotische Backsteinkirche aus dem 14. Jahrhundert.

Poseritz Von der Landwirtschaft geprägtes Dorf zwischen ➤ *Gustow* und ➤ *Garz*, das von sanft gewellten Feldern und Wiesen umgeben ist. Aus dem Ortsbild fällt der gedrungene Bau der mittelalterlichen Backsteinkirche heraus. Zu ihrer Ausstattung gehören eine kunstvolle Rokokokanzel von 1755 und zwei sehenswerte Kreuzigungsgruppen aus dem 15. und 16. Jahrhundert.

Der Maler Friedrich Preller d. Ä.

Preller, Friedrich d. Ä. (1804–1878) war einer der produktivsten Rügenmaler seiner Zeit. Mehr als 100 Bilder sind von ihm überliefert. Von der Ossian-Dichtung beeinflusst, entdeckte er seine Neigung für die ernste Stimmung nordischer Landschaft. ➤ *Hünengräber*, knorrige Eichen, dunkel dräuende Wolkenhimmel und strohgedeckte Fischerwohnungen zählten zu seinen bevorzugten Motiven. „Ich werde in Zukunft meine Studien wohl nur hier machen, denn reicher habe ich nie ein Land gesehen, selbst Italien nicht", bekannte er einmal in einem Brief an seine Frau.

Prora Ortsteil von → *Binz*, der an einem weiten, von Kiefernwäldern gesäumten Dünenstrand der → *Schmalen Heide* liegt. Nach Plänen der Nationalsozialisten sollte hier im Rahmen der Organisation „Kraft durch Freude" (KdF) eine fast sechs Kilometer lange Ferienanlage mit 20 000 Betten für den Massenurlaub entstehen. Mit Ausbruch des Zweiten Weltkriegs wurden die Arbeiten am Bau eingestellt. Zurück blieb ein zum Teil unvollendeter gigantischer Gebäudekomplex, der zu DDR-Zeiten von der Nationalen Volksarmee bezogen wurde. Die künftige Nutzung ist noch nicht endgültig geklärt; ein Teil der Räumlichkeiten wird derzeit u.a. von verschiedenen Museen und Galerien belegt.

Prorer Wiek Von den Sandanschwemmungen der → *Schmalen Heide* gebildete Bucht im Nordosten Rügens mit flachen, bilderbuchartigen Badestränden.

Prosnitzer Schanze Auf einer Halbinsel vier Kilometer südlich von → *Gustow* befindet sich eine Wallanlage, die auf die → *Schwedenzeit* zurückgeht. Sie ermöglichte die Kontrolle des Schiffsverkehrs im → *Strelasund*. Während der napoleonischen Herrschaft entstand 1812 an gleicher Stelle ein Fort mit bis zu zehn Meter hohen Wällen.

Puppen- und Spielzeugmuseum
Ausstellung mit über 400 Puppen,

Putbus

35 Puppenstuben, Teddys und allerlei Spielzeug aus zwei Jahrhunderten im historischen Affenhaus in ➤ *Putbus*.

Blick vom Schlosspark auf das Theater in Putbus

Putbus Der Name ist slawischen Ursprungs (*pod boz*) und bedeutet „Hinter dem Busch". Heute nennt man Putbus die „weiße Stadt am Meer". Jahrhundertelang war der nur wenige Kilometer vom Rügischen Bodden gelegene Ort mit dem Adelsgeschlecht der Familie von Putbus verbunden. Wilhelm ➤ *Malte I.*, der 1807 mit dem Fürstentitel belehnt wurde, baute den alten Familiensitz Anfang des 19. Jahrhunderts zu einer repräsentativen Residenz aus und machte ihn zum glanzvollen Badeort im Stil von Heiligendamm. Entlang der Alleestraße entstanden u. a. stattliche Bürgerhäuser, ein Theater, eine Orangerie sowie weitere kurörtliche Einrichtungen – alles im klassizistischen Stil. Das bereits vorhandene Schloss (während der DDR-Zeit abgerissen) bekam durch Umbauten ein neues Gesicht. In unmittelbarer Nähe des Boddenufers ließ der Fürst ein Badehaus (➤ *Badehaus in der Goor*) im Stil eines griechischen Tempels bauen. Mit der Anlage des ➤ *Circus* erreichte die Bautätigkeit ihren Höhepunkt. Als Architekten waren hauptsächlich Johann Gottfried ➤ *Steinmeyer* und Wilhelm ➤ *Steinbach* verpflichtet worden. Auch heute präsentiert sich das Stadtbild noch so, wie es vor knapp zwei Jahrhunderten angelegt worden war. Inzwischen ist ein neues geistig-kulturelles Zentrum entstanden, das mit Theateraufführungen, Kunstausstellungen sowie Konzerten international auf sich aufmerksam macht. Sehenswert ist auch der von Wilhelm von ➤ *Humboldt* mitgestaltete Landschaftspark, in dessen Baumbestand etliche botanische Exoten vertreten sind.

Putbus-Festspiele Jährlich stattfindende Musikveranstaltung in Putbus (zur Zeit im Theater), die sich jeweils mit einem Komponisten der vergangenen Jahrhunderte oder mit einer Epoche der Musikgeschichte befasst.

Putgarten Der 800 Jahre alte Ort ist Rügens nördlichste Gemeinde (ca. 260 Einwohner). Der Name stammt vom slawischen Wort *podgarde* = „Ort unter der Burg" ab und deutet auf die Nähe der ehemaligen slawischen Tempelburg von Arkona hin. Autofahrer, die ➤ *Kap Arkona* oder das Fischerdorf ➤ *Vitt* besuchen möchten, müssen hier den Wagen abstellen und ihren Ausflug zu Fuß fortsetzen oder auf die Arkona-Bahn bzw. eines der bereitstehenden Pferdegespanne umsteigen, denn das Gebiet ist für den privaten Verkehr gesperrt.

Pytheas von Massilia Griechischer Geograf, Astronom und Seefahrer, unternahm im 4. Jahrhundert v. Chr. eine Entdeckungsfahrt in das Nord- und Ostseegebiet. Seine Reise führte ihn bis zur samländischen Bernsteinküste, und man vermutet, dass er bei dieser Unternehmung auch das ➤ *Kap Arkona* umsegelt hat. Er war der erste, der schriftliche Kunde von einer germanischen Bevölkerung im

Pytheas von Massilia Ostseeraum gab. Seine Aufzeichnungen existieren nicht mehr, doch ihr Inhalt wurde durch ➤ *Plinius d. Ä.* und andere antike Schriftsteller überliefert.

Radwege Für Entdeckungen mit dem Fahrrad steht ein offizielles Wegenetz mit einer Gesamtlänge von ca. 300 Kilometern zur Verfügung. Viele der Strecken führen abseits der Hauptverkehrsstraßen durch landschaftlich reizvolle Gebiete. Neben ausgebauten Radwegen können auch etliche speziell dafür gekennzeichnete Feld- und Waldwege mit dem Fahrrad benutzt werden.

Ralswiek ist ein verträumt im Grünen liegender Ort (ca. 300 Einwohner) mit Blick auf den ➤ *Großen Jasmunder Bodden*. Ergebnisse jüngerer archäologischer Ausgrabungen deuten darauf hin, dass hier bereits in frühgeschichtlicher Zeit ein slawisches Zentrum bestanden hat. Zu den Funden gehören auch arabische Münzen aus der Zeit zwischen dem 5. und 9. Jahrhundert. Nach der dänischen Eroberung Rügens war der Ort Sitz eines bischöflichen Vertreters von Roskilde. Das alte bischöfliche Gut wurde um 1900 durch einen Neubau ersetzt, dessen Giebelgestaltung an den mittelalterlichen Vorgängerbau erinnert. Die gegenwärtige Bekanntheit verdankt Ralswiek vor allem den ➤ *Störtebeker-Festspielen*, die jedes Jahr während der Sommermonate auf einer Naturbühne vor dem ➤ *Schloss Ralswiek* stattfinden.

Rambin Altes Bauern- und Handwerkerdorf, das erstmals 1246 urkundlich als *rabyn* (slawisch = hacken, hauen) erwähnt wurde. Es besitzt eine alte Backsteinkirche aus dem 14./15. Jahrhundert, die mit

Rambin

Ganz aus Holz und rot angemalt: die kleine Kirche am Ortseingang von Ralswiek

Eine barocke Innenausstattung schmückt die Dorfkirche in Rambin.

Ranen einer barocken Innenausstattung reich ausgeschmückt ist. Ein bemerkenswertes Gebäudeensemble bildet das Kloster der St.-Jürgen-Stiftung. Die Anlage, zu der auch eine Kapelle (heute Ausstellungsraum des Ersten Rügenschen Kunstvereins) gehört, wurde 1334 von einem Stralsunder Bürger als Aussätzigenheim gegründet.

Ranen Slawischer Volksstamm, ursprünglich Rujani oder Rujanen genannt, der vom Sog der großen slawischen Völkerwanderung im 6. und 7. Jahrhundert n. Chr. mitgerissen wurde und sich auf Rügen niederließ. Ob der Stamm den Namen *Ranen* mitbrachte oder von der Insel übernahm, ist nicht gewiss; nachweislich aber verliehen sie der Insel ein eigenes Gepräge durch den Bau von Burgen, Tempeln und Schutzwällen sowie durch die Anlage von Siedlungen, denen sie Namen gaben. Heutige Orts- und Flurbezeichnungen mit Endungen auf -itz, -ow und -in deuten darauf hin, dass sie slawischen Ursprungs sind. Nach der Eroberung Rügens durch die Dänen blieb die Insel zunächst ein überwiegend von Slawen besiedeltes Gebiet. Erst seit dem 13. Jahrhundert setzte im Rahmen der deutschen Ostexpansion eine neue Einwanderungswelle ein. Die alte slawische Bevölkerung wurde dabei zwar nicht verdrängt, war aber letztlich doch das unterdrückte Volk, das in der neuen Kultur aufging. 1404 soll die letzte auf Rügen noch slawisch, d. h. wendisch (→ *Wenden*) sprechende Person gestorben sein.

Rasender Roland Historische Schmalspurbahn, die mehrmals täglich zwischen ➤ *Putbus* und ➤ *Göhren* verkehrt. Die 24 Kilometer lange Strecke ist das letzte Stück eines ursprünglich 97 Kilometer langen Streckennetzes. In gemütlicher Fahrt, mit maximal 30 Sachen, zuckeln die dampfgetriebenen Züge durch Wiesen und Wälder über ➤ *Binz*, ➤ *Jagdschloss Granitz*, ➤ *Sellin*, ➤ *Baabe* bis zum Zielort. Ursprünglich war die Ende des 19. Jahrhunderts gegründete Bahnlinie zum Transport landwirtschaftlicher Güter bestimmt. Mit der Entwicklung der ostrügenschen Seebäder aber bekam sie bald eine neue Bedeutung. Ab Sommer 1899 konnten Badegäste ohne umzusteigen von ➤ *Altefähr* über Putbus bis nach Göhren reisen. 1975 wurde der Rasende Roland zum technischen Denkmal der Verkehrsgeschichte erklärt.

Rasender Roland

Rauchhaus ➤ *Rookhuus*

Reddevitz Mit dem Namen Reddevitz wurde früher der gesamte nördliche Teil des ursprünglich zum Kloster ➤ *Eldena* gehörenden ➤ *Mönchguts* bezeichnet.

Reddevitzer Höft ➤ *Kliff* am äußeren Ende des schmalen Landfingers zwischen den Buchten der ➤ *Having* und der ➤ *Hagenschen Wiek* an der Westküste von ➤ *Mönchgut*. Schöner Blick auf den Rügischen Bodden und die Insel ➤ *Vilm*. Über die Kliffranddüne ist ein Abstieg zum ➤ *Blockstrand* möglich.

Kliffufer am Reddevitzer Höft

Rohr Auf Rügen wie auch im übrigen Mecklenburg-Vorpommern nennt man das Ried bzw. Reet, aus dem die traditionelle Bedachung der Katen und Fischerhäuser besteht, Rohr. Das Schilf wird im November geerntet, zu Schoofen zusammengebunden und in Mieten zum Trocknen aufgestellt.

Rookhuus Die bäuerlichen Häuser hatten ursprünglich keinen Schornstein und wurden deshalb auch Rauchhäuser oder „Rökerkaten" genannt. Von der aus Feldsteinen gebauten Feuerstelle zog der Rauch durch Luken und Rauchlöcher ab. Das zu den ➤ *Mönchguter Museen* gehörende Rookhuus in ➤ *Göhren* aus dem 18. Jahrhundert gehört zum Typ des ➤ *Zuckerhuts*, der eine rügensche Variante des niederdeutschen ➤ *Hallenhauses* darstellt.

Rothbarth-Stift Altersheim in ➤ *Garz*, gestiftet von Paul Rothbarth (1836–1900). Der großzügige Spender war ein Sohn der Stadt, der mit 26 Jahren nach Amerika auswanderte, dort mit Grundstücksspekulationen und einem Unternehmen für Baumaterialien zu einem kleinen Vermögen kam und in seinem Testament der Stadt Garz 35 000 Dollar vermachte mit der Bedingung, dass die Spende für den Bau eines Altenheims und eines Waisenhauses verwendet werde. Das Geld reichte nur für ein Altenheim, doch konnten dort die Bewohner ursprünglich kos-

tenfrei leben und bekamen zusätzlich noch ein kleines Taschengeld.

Ruderfähre Bei Bedarf bringt ein
Fährmann Fußgänger und Radfahrer
mit dem Ruderboot vom Hafen am
Baaber Bollwerk über die ➤ *Moritzdorfer Beek* nach Moritzdorf.

Rüganer Anzeiger Name einer auf
Rügen verbreiteten Wochenzeitung.
Das Blatt befasst sich mit dem Lokal-
geschehen rund um die Insel und informiert über aktuelle Ereignisse in
Politik, Wirtschaft, Kultur und Sport.
Neben aktuellen Themen werden
auch Inhalte mit historischen Bezü-
gen redaktionell aufbereitet.

Rugard „Hochaltar des Landes", so
nannte ➤ *Grümbke* den knapp 91
Meter hohen Bergrücken, an dessen
südwestlichem Abhang die Stadt
➤ *Bergen* liegt. Auf seinem Gipfel,
dort wo schon in vorgeschichtlicher
Zeit ein germanischer Kultplatz bestanden hat, errichteten die Rügenslawen eine Burg, von der allein die
stattliche Wallanlage die Zeit über-
dauert hat. Heute erhebt sich an
gleicher Stelle der ➤ *Ernst-Moritz-
Arndt-Turm*, der einen allumfassen-
den Blick auf Rügen ermöglicht.

Rügen Die Herkunft des Namens
konnte von der Forschung bislang
nicht zweifelsfrei geklärt werden.
Vieles spricht dafür, dass die Bezeichnung „Rügen" auf den germanischen Stamm der ➤ *Rugier* zurückgeht und nach deren Abwanderung
von den nachrückenden slawischen
Rujani übernommen wurde.

Rügen

*Ruderfähre bei Moritz-
dorf*

Rügen in Zahlen Fläche der Hauptinsel 926 Quadratkilometer; Küstenlänge 574 Kilometer; kein Ort liegt mehr als acht Kilometer von einem Meeres- oder Boddenufer entfernt. Die größte Nord-Süd-Ausdehnung beträgt 49 Kilometer, die Ost-West-Ausdehnung 45 Kilometer; es gibt Sandstrände mit einer Gesamtlänge von 56 Kilometern und ca. 30 Kilometer Natur- und Boddenstrände. Rund 70 000 Einwohner verteilen sich auf vier Städte (➤ *Bergen*, ➤ *Garz*, ➤ *Sassnitz*, ➤ *Putbus*) und 41 Gemeinden. An Waldfläche sind 15 407 Hektar vorhanden. Derzeit stehen rund 36 Prozent der Landfläche des Kreises Rügen unter Naturschutz. Es gibt zwei Nationalparks, ein Biosphärenreservat, 34 Naturschutz- und drei Landschaftsschutzgebiete.

Die neue, seit Oktober 2007 dem Verkehr übergebene Hochbrücke über den Strelasund mit ihrem 127 Meter hohen Pylon gilt als ein bautechnisches Meisterwerk.

Rügenbrücke Mit der im Oktober 2007 fertiggestellten dreispurigen Hochbrücke wurde die erste feste Verbindung zwischen der Insel Rügen und dem Festland geschaffen. Sie verläuft parallel zum alten ➤ *Rügendamm*, ist 4,1 Kilometer lang und gewährt Schiffen eine Durchfahrthöhe von 42 Metern.

Rügendamm Zweieinhalb Kilometer lange Straßen- und Schienenverbindung zwischen Rügen und dem Festland. Konkretere Pläne, den ➤ *Strelasund* zu überbrücken, gab es Anfang des 20. Jahrhunderts, als die damals eingesetzten Personen- und Eisenbahnfähren den rasch anwachsenden Verkehr, der auf die Insel strömte, kaum noch bewältigen konnten. Im März 1931 stimmte

die Regierung dem Vorhaben zu. Der
Bau des Rügendamms begann noch
im selben Jahr, musste dann aus
Geldmangel unterbrochen werden
und wurde nach einer zweijährigen
Pause teils in Notstandsarbeit unter
Einsatz zahlloser Arbeitsloser fortge-
setzt. Im Herbst 1936 rollte der erste
fahrplanmäßige D-Zug nach Stock-
holm über die Schienentrasse. Ein
halbes Jahr später konnte der Damm
auch für den Straßenverkehr geöffnet werden. Eigentlich besteht er aus
zwei Brücken: Die erste, eine Klappbrücke, die fünfmal am Tag für
jeweils 20 Minuten geöffnet wird
(➤ *Ziegelgrabenbrücke*), führt auf das
Inselchen ➤ *Dänholm*, während die
zweite von dort den Sund in einer
Länge von 540 Metern überbrückt.

Rügensche Kleinbahn ➤ *Rasender
Roland*

Rugier Ostgermanischer Stamm,
der – wie man annimmt – ursprünglich in Südwest-Norwegen ansässig
war, später zwischen Oder- und
Weichselmündung siedelte und sich
in den letzten Jahrhunderten vor Beginn der christlichen Zeitrechnung
auch auf Rügen niederließ. Der
Name war bereits Tacitus bekannt. In
seinem Werk über die germanische
Frühzeit berichtete der römische Geschichtsschreiber um 97 n. Chr. von
den Rugiern als einem Volk, das im
Nordosten Germaniens am Meer ansässig sei. Ab Mitte des 4. Jahrhunderts n. Chr. verließen die Rugier
den Ostseeraum, zogen nach Süden
und siedelten im Gebiet nördlich der
mittleren Donau.

Rugier

Rugievit

Rugievit war vermutlich der Kriegsgott der Rügenslawen. Sein Standbild befand sich im Tempel der Burg ➤ *Charenz*. Es stellte ihn als ein menschenähnliches Geschöpf dar, aus dessen Kopf sieben Gesichter blickten. Am Gürtel hingen sieben Schwerter, ein achtes hielt die Statue gezückt in der Rechten. Das Götzenbild soll so groß gewesen sein, dass der Bischof ➤ *Absalon* mit seiner Streitaxt gerade mal bis zu dessen Knie reichte.

Rujani ➤ *Ranen*

Rundflüge ➤ *Flugplatz Güttin*

Runge, Philipp Otto (1777–1810) Der aus Wolgast stammende Maler der Romantik kannte Rügen von Kindheit an. 1806 besuchte er in ➤ *Altenkirchen* seinen ehemaligen Schulrektor ➤ *Kosegarten*, der ihm den Auftrag gegeben hatte, ein Bild für die ➤ *Uferkapelle* von ➤ *Vitt* zu malen. Runge entschied sich für das Motiv „Petrus auf dem Meer". Es entstanden erste Umrisszeichnungen, Ausdrucksstudien der Apostelköpfe und eine sorgfältig ausgeführte Tuschezeichnung. Schließlich begann er mit der Umsetzung in Öl. Bald aber mussten die Arbeiten wegen politischer Unruhen unterbrochen werden, und letztlich blieb das Werk unvollendet; der Originalentwurf in Öl ist im Besitz der Hamburger Kunsthalle, während die Kapelle von Vitt sowie die Altenkirchener Kirche jeweils über eine Kopie davon verfügen.

„Petrus auf dem Meer" – Kopie des Gemäldeentwurfs von Philipp Otto Runge

Sagard Lange bevor sich an den Ostseestränden Rügens ein Badebetrieb entwickelte, stand Sagard bereits im Blickfeld des Fremdenverkehrs. Grund war die Entdeckung einer eisen- und kohlensäurehaltigen Quelle, die 1794 für Heilkuren erschlossen wurde. Für kurze Zeit durfte der Jasmunder Ort das Glück genießen, die „große Gesellschaft" bei sich zu Gast zu haben. Es gab kurörtliche Einrichtungen mit Veranstaltungen sowie organisierte Ausflüge in die ➤ *Stubnitz* und zum ➤ *Königsstuhl.* Mit der französischen Besetzung Rügens 1807 wurde der Kurbetrieb allerdings wieder eingestellt. Von der einstigen Blütezeit ist heute nicht mehr viel zu sehen. Beachtung verdient die Kirche St. Michael, die Anfang des 13. Jahrhunderts im Stil eines römischen Hallenbaus angelegt wurde. Ein Schmuckstück ist die von Christian Kindten aus Stralsund 1795 geschaffene Orgel.

Salzwiesen Periodisch vom Seewasser überflutete sowie mit Prielen und Brackwassertümpeln durchsetzte Wiesen an den flachen Boddenufern, z. B. auf den Inseln ➤ *Ummanz*, Kirr und ➤ *Hiddensee* wie auch bei ➤ *Thiessow* im Süden ➤ *Mönchguts.* Sie sind Brut- und Rückzugsgebiete für bedrohte Vogelarten wie Alpenstrandläufer, Rotschenkel, Brachvogel und Kampfläufer.

Samtens Gemeinde (rund 2000 Einwohner), die sich im Kreuzungsbereich von zwei Hauptverkehrs-

Samtens

Sassnitz achsen (Stralsund–Sassnitz und Zudar–Gingst/Wittower Fähre) ausgebreitet hat und heute ein wichtiger Gewerbestandort ist.

Sassnitz ist das „Tor zum Norden". Transitreisende nach Schweden kennen die ca. 10 600 Einwohner zählende Stadt auf ➤ *Jasmund* vor allem als Hafenort. Die ➤ *Fährverbindung* Sassnitz–Trelleborg, auch ➤ *Königslinie* genannt, besteht schon seit über 100 Jahren. Die Blütezeit aber begann Ende des 19. Jahrhunderts mit der Entwicklung des Fremdenverkehrs, der Sassnitz bald zum größten und berühmtesten Seebad Rügens machte. Seine Lage am Rande der Kreideküste, die Waldungen der ➤ *Stubnitz*, der Hafen mit der 1897 fertiggestellten, anderthalb Kilometer langen Mole sowie die Einrichtung von Strandbädern am offenen Meer boten alles, was man von einer Sommerfrische erwartete. Noch vor dem Ersten Weltkrieg zählte der Ort 40 000 Gäste. Doch mit der Entwicklung der Bäder ➤ *Binz*, ➤ *Sellin* und ➤ *Göhren* versiegte allmählich der Besucherstrom. Heute wird Sassnitz vor allem wegen seines Hafens (Ausflugsschiffe zum ➤ *Königsstuhl*) sowie als Ausgangsort für Wanderungen in die Stubnitz und zur Kreideküste aufgesucht. Im östlichen Teil der Stadt, dort, wo in einer Uferschlucht die alten Villen und Herbergen mit ihren Veranden und Balkonen an steilen Hängen stufenartig übereinander liegen, ist die Erinnerung an die „gute alte Zeit" noch lebendig.

Blick von der Seebrücke in Sassnitz auf die Altstadt. Aus einer einfachen Fischersiedlung entwickelte sich hier gegen Ende des 19. Jahrhunderts ein mondäner Seebadeort.

Ein kleiner Leuchtturm am Ende der 1450 Meter langen Ostmole markiert die Einfahrt zum Sassnitzer Stadthafen.

Saxo Grammaticus (um 1150–1220) Altdänischer Geschichtsschreiber. Mit 18 Jahren nahm er im Auftrag des Bischofs ➤ *Absalon* von Roskilde als Beobachter am dänischen Kriegszug gegen Rügen teil und erlebte 1168 die Eroberung der Tempelfestung von Arkona (➤ *Kap Arkona*). Die von ihm verfasste Chronik schildert nicht nur die militärischen Operationen, sondern beschreibt auch Sitten und charakterliche Merkmale der damaligen slawischen Bevölkerung Rügens; sie berichtet ausführlich über den ➤ *Swantevit*-Kult sowie den Prozess der Christianisierung.

Schaabe Nehrungsartige, zwölf Kilometer lange und bis zu zwei Kilometer breite Landbrücke, die eine Verbindung zwischen den Inselkernen von ➤ *Jasmund* und ➤ *Wittow* herstellt und die Ostsee vom ➤ *Großen Jasmunder Bodden* trennt. Sie entstand erst während der Nacheiszeit durch Bildung neuen Dünenlands. 1860 ging man daran, das sandige Angebinde der Natur zu sichern und zu befestigen: Es wurden Kiefern und stellenweise auch andere Hölzer angepflanzt, um eine Abwanderung der Aufschüttungen zu verhindern. Erst Ende des 19. Jahrhunderts verlandete die letzte, bei ➤ *Glowe* noch bestehende Öffnung, nachdem beim Bau der Straße nach ➤ *Altenkirchen* diesem natürlichen Prozess etwas nachgeholfen worden war. An der zur Ostsee gerichteten Seite bildet die Schaabe eine weit ausladende flache Bucht, die ➤ *Tromper Wiek*, mit einem der schönsten Sandstrände Rügens. Naturfreunde finden hier ein kleines Badeparadies: Wald, Dünen und Meer, keine Bebauung, keine Strandkörbe, aber auch kein sonstiger Service. Baden mit oder ohne Textil – keinen kümmert's. Die gegenüberliegende, an manchen Stellen nur 600 Meter weit entfernte Boddenküste hat, wenn sie auch zum Schwimmen und Sonnenbaden weniger geeignet ist, ihre eigenen Reize. Der Wald geht hier fast unmerklich in einen dichten Schilfgürtel über, der nur hier und da eine winzige sandige Ausbuchtung offenlässt.

Schaprode Der sommerliche Fährverkehr nach → *Hiddensee* bringt während der Saison reichlich Leben in den hübschen Hafenort an der Westküste Rügens. Besucher, die auf die kleine Nachbarinsel von Rügen reisen, müssen hier ihr Auto stehen lassen. Im 17. und 18. Jahrhundert bescherte die heimische Segelschifffahrt dem Ort eine Zeit der Blüte. Mit ihren Galeassen, Brigantinen und Schonern segelten Kapitäne aus Schaprode ins Baltikum, nach Skandinavien, England, Frankreich und Portugal. Die Seefahrt brachte einen bescheidenen Wohlstand, den man heute noch an den gepflegten Schifferhäusern erahnen kann. Das wertvollste Gebäude – die Pfarrkirche – zählt zu den schönsten Gotteshäusern auf Rügen. Ihre ältesten Bauteile stammen noch aus der ersten Hälfte des 13. Jahrhunderts.

Schaproder Strom Enge Wasserstraße zwischen der Küste bei

Schaproder Strom

Ein Vergnügen, das es nicht alle Jahre gibt: winterlicher Spaziergang von Schaprode zur Nachbarinsel Hiddensee über den zugefrorenen Bodden im Februar 1996.

➤ *Schaprode* und der Insel Öhe. Hier liegen die Anlegestellen für die Fährschiffe nach ➤ *Hiddensee* sowie ein kleiner Jachthafen.

Schiffslinien ➤ *Fährverbindungen*

Schinkel, Karl Friedrich (1781–1841) Der aus Neuruppin stammende klassizistische Baumeister und Maler (Schöpfer der Neuen Wache, des Schauspielhauses und des Alten Museums in Berlin) gehörte zu den Bewunderern der rügenschen Küstenlandschaft. Nach seinen Entwürfen entstand zwischen 1826 und 1829 am ➤ *Kap Arkona* Rügens erster moderner ➤ *Leuchtturm*. Auch der mächtige Mittelturm des ➤ *Jagdschlosses Granitz* und vermutlich auch die Orangerie in ➤ *Putbus* wurden nach seinen Entwürfen gebaut.

Im Stil eines Loire-Schlösschens präsentiert sich Schloss Ralswiek, das eigentlich ein Herrenhaus ist.

Schloss Ralswiek Wie ein Loire-Schlösschen thront das einstige Herrenhaus des Grafen Douglas auf einer Hügelkuppe in der Ortschaft ➤ *Ralswiek*. Mit seinem Bau gegen Ende des 19. Jahrhunderts wurde auch das umliegende Gelände unter Einbeziehung des angrenzenden Waldes parkartig gestaltet. Teil dieser Anlage ist ein offenes Rasengelände, das sich bis zum Ufer des ➤ *Großen Jasmunder Boddens* herabsenkt.

Schmachter See An das Ostseebad ➤ *Binz* grenzender Binnensee. Das Gewässer ist der letzte Rest der einstigen Meeresbucht, die vor 5000 Jahren durch die Nehrung der ➤ *Schmalen Heide* von der Ostsee abgetrennt wurde.

Schmale Heide Schmale Landbrücke, die ➤ *Jasmund* mit der ➤ *Granitz* und dem Hauptteil Rügens verbindet. Sie entstand erst in der Nacheiszeit durch angeschwemmten Sand. Der nördliche Teil wird von den in Europa einmaligen ➤ *Feuersteinfeldern* beherrscht, die vor 3500 bis 4000 Jahren an dieser Stelle aufgeworfen wurden. Erst um die Mitte des 19. Jahrhunderts begann man, das bis dahin noch weitgehend waldlose Gebiet mit Kiefern aufzuforsten. Der kilometerlange feinsandige Strand an der zur Ostsee gerichteten Seite ist ein traumhaft schönes Badeparadies.

Schüddeldebüx Von Paaren ausgeführter, traditioneller Mönchguter Volkstanz, bei dem die weiten Pluderhosen der Männer ordentlich geschüttelt werden.

Schwanenstein 162 Tonnen schwerer ➤ *Findling* vor der Küste bei ➤ *Lohme*. Mit diesem Stein, der bei normalem Wasserstand nur ca. 50 Meter vom Uferrand entfernt aus knapp einem Meter Wassertiefe emporragt, ist eine Tragödie verbunden, an die eine Gedenktafel am Strand erinnert. Drei Kinder im Alter von neun bis 13 Jahren waren an einem Winternachmittag im Februar 1956 auf den völlig vom Eis eingeschlossenen Brocken geklettert; mit einem plötzlichen Wetterumschwung kamen Sturm und Schneetreiben auf. Die wogende See brach das Packeis auf und schnitt die Kinder vom Ufer ab. Sämtliche Rettungsversuche scheiterten an den unvorstell-

Schwanenstein

Der Schwanenstein – ein Findling vor der Küste bei Lohme

bar schlimmen Wetterbedingungen. Die Kinder konnten an diesem Tag nicht mehr geborgen werden; sie mussten die Nacht über auf dem Stein ausharren und waren am darauffolgenden Morgen erfroren.

Schwedenfähre → *Fährverbindungen*

Schwedenzeit Mit dem Westfälischen Frieden von 1648 fiel Vorpommern mit Rügen und Stettin an Schweden. Die Verbindung mit der schwedischen Krone blieb 167 Jahre lang bestehen. Besonders auf Rügen verstand man es recht gut, sich mit der neuen Herrschaft zu arrangieren. „Unter den drei Kronen ließ sich's gemächlich wohnen", dichtete der Pfarrer → *Kosegarten*. Nach dem Wiener Kongress endete die Schwedenzeit, und am 23. Okober 1815 wurde Vorpommern dem preußischen Staat übergeben.

Seebär Spontane Wasserstandserhöhung im Greifswalder Bodden, verursacht durch Ausgleichsströmungen zwischen der Ostsee und den flacheren Buchtengewässern bei durchziehenden Tiefdruckgebieten.

Seedorf Der beschaulich wirkende, an der Lanckener Beek gelegene Ort war zur Zeit der Segelschifffahrt einer der bedeutendsten Häfen Rügens. Zwischen 1862 und 1925 gab es hier eine große Werft, auf der zahlreiche hochseetaugliche Schiffe gebaut wurden. Heute dümpeln an den Anlegestellen zahlreiche Freizeitboote, darunter auch einige stattliche Jachten. Schöner Blick von der Beekbrücke über den Neuensiener See zu den Granitzer Bergen.

Sellin ist neben ➤ *Binz*, ➤ *Baabe* und ➤ *Göhren* das bedeutendste Ostseebad Rügens. Der Name ist dem slawischen Wort *zeleny* = grün entlehnt und beschreibt damit sehr treffend die Charakteristik der Örtlichkeit: An einem Hochufer ostwärts der ➤ *Granitz* gelegen, ist Sellin von herrlichen Laub- und Kiefernwaldungen umgeben, deren Grüntöne sich auf der Meeresoberfläche spiegeln. An der meerabgewandten Seite dehnt sich der Ort bis zum ➤ *Selliner See* aus. Die rasante Entwicklung des ehemaligen Bauerndorfs zu einem mondänen Seebad begann um 1890 mit dem Bau zahlreicher Villen und Pensionen. In dieser Zeit entstand auch die Wilhelmstraße, die zu einer Prachtmeile schönster ➤ *Bäderarchitektur* wurde. In jüngster Zeit restauriert und erneuert, ist sie auch heute die beliebteste Flanierstrecke des Badeorts. Sie läuft auf das Hochufer zu und geht dort in die „Himmelsleiter" über, die auf die ➤ *Selliner Seebrücke* herabführt. Dort gibt es auch einen Lift, der den Gästen das mühselige Treppensteigen erspart.

Selliner See Das Gewässer liegt in unmittelbarer Nähe des gleichnamigen Badeorts. Sein westliches Ufer mit den Selliner Ortsteilen Altensien und Moritzdorf sowie den angrenzenden Stauchmoränen-Hügeln, die einen reizvollen Blick auf die ➤ *Granitz* gewähren, ist ein beliebtes Ausflugsziel.

Selliner See

Den Glanz der Bäderarchitektur strahlt diese Ferienvilla im Ostseebad Sellin aus.

Selliner Seebrücke Im Frühjahr
1998 wurde die neue, 400 Meter
lange Seebrücke von ➤ *Sellin* feier-
lich eingeweiht. Ihre besondere At-
traktion ist ein Pavillon, der mit zahlreichen Türmchen und Giebelchen
sowie mit verglasten Fassaden an
das historische Vorbild erinnert.
Schon im Sommer 1906 gab es an
dieser Stelle eine Pier. Sie reichte
rund 500 Meter weit auf das Meer,
hatte einen kleinen Pavillon und war
der ganze Stolz des aufstrebenden
Seebads. Ihre Zerstörung durch
schweren Eisgang im Februar 1924
bedeutete für den Ort einen herben
Verlust. Noch im selben Jahr unternahm die Gemeinde den Wiederauf-
bau. Obwohl unter den verbesserten
technischen Möglichkeiten eine
Brücke mit höherer Widerstandskraft
geschaffen wurde, konnte auch
diese den Eismassen im Winter 1942
nicht standhalten.

Sonnenscheindauer An Rügens
Küsten scheint die Sonne maximal
2000 Stunden im Jahr. Keine andere
Region der Bundesrepublik – so wird
behauptet – erreicht einen höheren
Wert.

Speckbusch Bezeichnung für ein
3000 Jahre altes, bronzezeitliches
➤ *Hügelgrab*, das hinter der Pfarrkirche von ➤ *Göhren* liegt.

Spyker An einem kleinen Neben-
gewässer des ➤ *Großen Jasmunder
Boddens* liegt Schloss Spyker, das ursprünglich zu der gleichnamigen
Herrschaft gehörte. Der rot angestri-
chene Bau mit vier runden, von wel-

Nach historischem Vorbild gebaut: Seebrücke mit Pavillon in Sellin

Architektonisches Kleinod zwischen Wiesen, Äckern und Boddengewässern: Schloss Spyker

St. Marien

schen Hauben abgeschlossenen Eck-
türmen fügt sich reizvoll in das Landschaftsbild grüner Wiesen, bestellter
Äcker und blauer Wasserflächen. Als
Rügen nach dem Dreißigjährigen
Krieg 1648 an Schweden fiel, übernahm der schwedische Feldmarschall
Graf Carl Gustav von ➤ *Wrangel* die
Herrschaft Spyker als Lehen. Er
baute das kastellartige Gebäude aus
und gab ihm sein heutiges Aussehen. Bei diesen Veränderungen wurden auch die Decken der Räume mit
künstlerisch anspruchsvollen Stuck-
arbeiten ausgestattet. Nach dem Tod
Wrangels ging der Besitz nach mehrmaligem Eigentümerwechsel an die
Herrschaft Putbus über, die ihn bis
zur Enteignung 1945 behielt. Heute
ist das Schloss wieder in privater
Hand, und sein neuer Besitzer hat
es zu einem exklusiven Hotel gemacht.

*Mittelschiff von
St. Marien in Bergen*

St. Marien in Bergen ist die älteste
noch erhaltene Kirche auf Rügen
und einer der frühesten Backstein-
bauten in Norddeutschland. Den
Grundstein legte der zum Christentum konvertierte Slawenfürst ➤ *Jaromar I.* um 1180. Knapp anderthalb
Jahrzehnte später wurde der Kirche
ein mit Benediktinerinnen aus Roskilde belegtes Nonnenkloster ange-
schlossen. Ursprünglich war die Marienkirche als romanische Basilika
konzipiert. Doch zahlreiche Umbauten und Restaurierungen in späteren
Jahrhunderten haben den einstigen
Baugedanken im Sinne der Gotik
verändert. Im Innern ist sie – vor
allem im Chor und im Querschiff –
fast vollständig mit spätromanischen

Fresken ausgemalt. Zu den schönsten Bildzyklen gehören die Darstellungen an den Chorwänden, in denen die Freuden des Paradieses den Qualen der Hölle gegenübergestellt sind. Im unteren Teil der westlichen Außenwand ist ein Findlingsblock mit der Reliefdarstellung eines Mannes eingemauert, in dem man den Grabstein von Jaromar I. zu erkennen glaubt.

Steinbach, Wilhelm Baumeister, bis 1825; kam aus der Schule von Gilly, Berlin. Von ihm stammt vor allem die architektonische Gestaltung von ➤ *Putbus* in den ersten beiden Jahrzehnten nach der Gründung des Orts um 1800 als Residenz von Wilhelm ➤ *Malte I.*

Steinmeyer, Johann Gottfried (um 1780–1851) Berliner Architekt, hatte seit 1820 maßgeblichen Anteil an der baulichen Gestaltung von ➤ *Putbus*. Nach seinen Entwürfen entstanden insbesondere das Theater, die Häuser am ➤ *Circus* sowie der Umbau des ➤ *Badehauses in der Goor*. Auch das ➤ *Jagdschloss Granitz* gehört zu seinen Schöpfungen. Er war mit ➤ *Schinkel* befreundet, der sein Schaffen beeinflusst hat.

Störtebeker, Klaus Verschiedene Orte auf Rügen werden mit dem legendären Seeräuber, der gegen Ende des 14. Jahrhunderts als Führer der Likedeeler (= Gleichteiler) die Ost- und Nordsee unsicher machte, in Verbindung gebracht. Nach einem Volksglauben wurde Störtebeker als Sohn eines Bauern in Ruschvitz auf

→ *Jasmund* geboren. Dort wuchs er auf und arbeitete als Knecht auf einem Gutshof. Eines Tages – er glaubte sich unbeobachtet – nahm er einen kräftigen Schluck aus dem Bierkrug seines Herrn, der ihn dabei erwischte. Zur Strafe ließ ihn der Gutsbesitzer fesseln und züchtigen. Störtebeker aber befreite sich aus den Ketten, schlug seine Peiniger nieder und floh in einem Boot auf das Meer. Bei Arkona traf er auf eine von Goedeke Michels geführte Seeräuberbande, der er sich anschloss.

Zwei starke Typen: Sascha Gluth (rechts) in der Rolle von Klaus Störtebeker und Dietmar Lahaine (links) als Goedeke Michels auf der Freilichtbühne in Ralswiek.

Störtebeker-Festspiele 1959 fand auf der Naturbühne von → *Ralswiek* die Uraufführung einer von Kurt Barthel verfassten Störtebeker-Ballade statt, an der rund 1000 Darsteller mitwirkten. Nachdem die Spiele mit dem damaligen Ensemble ab Sommer 1981 aus finanziellen Gründen hatten eingestellt werden müssen, konnten sie zwölf Jahre später dank des Einsatzes von Intendant Peter Hick wiederbelebt werden: 1993 trat unter Ex-Defa-Regisseur Roland Oehme ein neues Ensemble mit etwa 120 Mitwirkenden in Aktion. Mittlerweile sind die regelmäßig ab Ende Juni bis Anfang September auf der Ralswieker Freilichtbühne stattfindenden Spiele ein fester Bestandteil im rügenschen Veranstaltungskalender. Jedes Jahr wird eine neue Episode aus dem Leben des legendären Seepiraten vorgestellt, bei der packende Schwertkämpfe, Kanonendonner, brennende Koggen und aufregende Stunts für spannende Unterhaltung sorgen.

Strelasund Flussartig gewundene, 33 Kilometer lange Meeresstraße zwischen Rügen und der südwestlich gelegenen Festlandküste. An der engsten Stelle, bei der ➤ *Prosnitzer Schanze,* ist sie kaum einen Kilometer breit; erst an ihren Enden dehnt sie sich zu ansehnlichen Wasserflächen aus.

Stubbenkammer Abschnitt der rügischen Kreideküste im Umkreis des ➤ *Königsstuhls*, in dem die ➤ *Kliffs* mehr als 100 Meter nahezu senkrecht emporstreben. Als Große Stubbenkammer wird eine von hohen Kreidewänden umschlossene Kluft bezeichnet, die sich – vom Meer aus gesehen – rechts des ➤ *Königsstuhls* öffnet. Diese Schlucht diente Caspar David ➤ *Friedrich* vermutlich als Vorlage für sein berühmtes Gemälde „Kreidefelsen auf Rügen", das zum Inbegriff der Inselromantik geworden ist. Damals war die Kluft durch eine vielgezackte Kreidemauer fast vollständig abgeriegelt. Nur in ihrer Mitte ließ die Felsenbarriere einen schmalen, von zwei hohen Türmen flankierten Spalt offen, der einem gigantischen Portal glich. Ausbrüche und Erosion haben diesen Kreideriegel im Laufe der Zeit zerstört, sodass die Schlucht heute nur noch wenig dem Motiv ähnlich ist, das Caspar David Friedrich dargestellt hat. Die südöstlich vom Königsstuhl liegende Kleine Stubbenkammer bezeichnet ebenfalls eine tief ausgehöhlte Kluft, die von feuersteingespickten Kreidewänden halbkreisförmig umschlossen ist. In der Mitte dieses Felsentheaters steigt eine

Stubnitz Gruppe bizarrer Zacken empor. Den oberen Uferrand säumen Buchen, deren Stämme und Äste sich zum Teil weit über die Absturzkante neigen und dem Ambiente den Charakter einer schauerlich schönen Wildnis verleihen.

Stubnitz 2500 Hektar großes Waldgebiet, das sich auf einem Höhenrücken im Ostteil der Halbinsel ➤ *Jasmund* zwischen ➤ *Sassnitz* und ➤ *Lohme* erstreckt und zum ➤ *Nationalpark Jasmund* gehört. Der Name, so vermutet man, geht auf das slawische Wort *stobnica* zurück, das „Waldung mit Bienenkellern" bedeutet. Ursprünglich dürften Eichen die vorherrschende Baumart gewesen sein, deren Bestände aber seit dem 12. Jahrhundert durch wirtschaftliche Nutzung dezimiert wurden. Mittlerweile hat sich die Rotbuche als dominierende Art durchgesetzt. Stellenweise erweckt der Wald wieder einen äußerst urwüchsigen Eindruck, weil die Bäume hier ohne forstwirtschaftliche Eingriffe wachsen und auch zerfallen dürfen, wie es die Natur ihnen gebietet. Die östliche Hälfte der Stubnitz wird von zahlreichen Bächen durchzogen, die fast alle zur Ostsee fließen und in ihrem Mündungsbereich tiefe Einschnitte gegraben haben. Auf verschiedenen markierten Wegen können sich Besucher die Eigentümlichkeit dieser aus Küste und Wald bestehenden Naturlandschaft erschließen. Die schönste Wanderstrecke ist der etwa acht Kilometer lange Hochuferweg. Er führt von Sassnitz zum ➤ *Königsstuhl* und er-

*Ein Motiv, das an
Caspar David Friedrich
erinnert: Blick in die
Uferschlucht der Klei-
nen Stubbenkammer*

*Bei Wanderern beliebt:
der Hochuferweg
durch die Stubnitz*

möglicht an vielen Stellen atemberaubende Blicke auf die Ostsee und die Kreideküste.

Stüler, Friedrich August (1800–1865) Klassizistischer Baumeister (schuf u. a. das Neue Museum in Berlin und die Burg Hohenzollern). Gemeinsam mit ➤ *Steinmeyer* hatte er die Pläne für das Kurhaus im Putbuser Park ausgearbeitet. Das im spätklassizistischen Stil zwischen 1844 und 1846 errichtete Gebäude wurde später zu einer Kirche umgebaut.

Südperd Küstenvorsprung bei ➤ *Thiessow*. Eine 1905 errichtete, 350 Meter lange Mauer schützt das ➤ *Kliff* vor der Brandung. Siehe auch ➤ *Perd*.

Swantevit Oberster Gott der ➤ *Ranen*. Der Name setzt sich zusammen aus *swante* (= heilig oder stark) und *vit* (= Sieg bzw. Lichtgott). In der Tempelburg von Arkona stand seine Statue, „eine riesige Holzfigur, weit über Menschenmaß, mit vier Köpfen und vier Hälsen, die nach den vier Himmelsrichtungen sahen", wie der dänische Chronist ➤ *Saxo Grammaticus* sie beschrieb. Einmal im Jahr, nach der Erntezeit, versammelte sich das Volk vor seinem Tempel, es brachte Opfergaben dar und nahm an einem Festschmaus teil. Im Verlauf der Zeremonie orakelten die Priester des Swantevit Erfolge oder Misserfolge kommender Ernten und geplanter Kriegszüge.

Tezlaw Bruder des slawischen Rügenfürsten → *Jaromar I.* Bis zur Zeit der dänischen Eroberung Rügens nahm er vermutlich den obersten Rang innerhalb der Herrschaftshierarchie ein. In der Chronik von → *Saxo Grammaticus* wurde er als „König" bezeichnet. Nach dem Fall Arkonas 1168 trat er zugunsten seines Bruders politisch in den Hintergrund.

Thiessow Ehemaliges Lotsendorf im Süden → *Mönchguts.* Nachdem die Lotsenstation 1945 aufgelöst worden war, konzentrierte man sich ganz auf den Fischfang, der seit Jahrhunderten mit Erfolg betrieben wurde. Die günstige Lage zwischen Zicker See, Rügischem Bodden und offener See verschaffte Zugang zu einem ausgedehnten Fangrevier. 1827 stellten Thiessower Fischer die erste Heringsreuse des Mönchguts auf. Heute leben die rund 500 Einwohner überwiegend vom Tourismus, während der Fischfang nur noch als Zubrot von Bedeutung ist. Drei Strände laden zum Baden ein: Ost-, Süd- und Weststrand.

Fischerboote am Strand von Thiessow

Thiessower Haken Südlichste Landspitze der Halbinsel → *Mönchgut.* Der in Richtung des Thiessower Kliffs sich anschließende Südstrand ist wegen seiner Bernsteinfunde bekannt. Der Weststrand, der sich vom Haken bis nach → *Klein Zicker* erstreckt, hat sich zu einem kleinen Surf-Paradies entwickelt.

Tipper Ort Markanter Vorsprung und östlichster Punkt der Kreide-

Trajekt küste von → *Jasmund*. In nördlicher Richtung erstreckt sich ab hier der beeindruckendste Abschnitt der Kreideküste, den man die → *Hohen Ufer* nennt.

Trajekt Fährschiff für Kraftfahrzeuge und Bahn. Der erste rügensche Trajektbetrieb wurde 1883 zwischen Stralsund und → *Altefähr* aufgenommen. Er entstand in Verbindung mit der Eröffnung der Eisenbahnstrecke Altefähr–Bergen und blieb bis zur Freigabe des → *Rügendamms* für den Schienenverkehr 1936 erhalten. Die 1909 geschaffene Trajektverbindung Sassnitz–Trelleborg besteht auch heute noch.

Trent Das Angerdorf liegt inmitten der flachen Ackerlandschaft des nordwestlichen Rügens an einer der ältesten und wichtigsten Straßen der Insel, die von → *Altefähr* über → *Gingst* und → *Wittower Fähre* nach → *Putgarten* führt. Es hat eine alte Backsteinkirche, mit deren Bau um 1400 begonnen wurde. Zu ihrer wertvollen Innenausstattung gehört u. a. ein barocker Altaraufsatz, den Michael Müller aus Stralsund 1752 geschaffen hat. Der Beichtstuhl, ebenfalls ein Werk von Michael Müller, zeigt in seinem umlaufenden Ornament zwei bemerkenswerte Details, die den bekennenden Sünder sicherlich zur Aufrichtigkeit gemahnten: das Auge und das Ohr Gottes.

Blick über die Bucht der Tromper Wiek auf die Küste bei Kap Arkona

Tromper Wiek Weit ausladende Bucht im Norden Rügens zwischen dem Küstenvorsprung Königshörn und dem → *Kliff* bei Vitt/Putgarten.

Uferkapelle 1806 ließ der Altenkirchener Pfarrer ➤ *Kosegarten* am
Hohen Ufer von ➤ *Vitt* eine Kapelle
errichten, um die traditionellen
Strandgottesdienste während der
Heringssaison auch bei schlechtem
Wetter feiern zu können. Das kleine,
erst 1816 fertiggestellte und geweihte Gotteshaus ist ein verputzter,
weiß getünchter Feldsteinbau auf
achteckigem Grundriss. Zu der inne-
ren Ausschmückung gehört eine
Kopie der Ölskizze „Petrus auf dem
Meer" von Philipp Otto ➤ *Runge*.

Uferkapelle von Vitt

Ummanz Lange Zeit galt die der
Westküste Rügens vorgelagerte Insel
als eines der „Enden dieser Welt".
Die Boddenbrücke, die Ummanz seit
1901 mit dem rügenschen Kernland
verbindet, hat es aus der Isolation
herausgeholt; doch noch immer
herrscht über dieser weiten Landschaft mit ihren unberührten Natur-
gebieten eine ungewohnte Stille, die
nur im Frühjahr und im Herbst
während des Vogelzugs von den
Schreien Zigtausender ➤ *Kraniche*,
Gänse und Enten unterbrochen
wird. Der südliche Zipfel, wo seltene
Küstenvogelarten brüten, wie auch
zwei Abschnitte im Norden der Insel
sind als Teil des ➤ *Nationalparks Vorpommersche Boddenlandschaft*
streng geschützt. Rund 750 Einwohner, die sich auf mehrere kleine und
kleinste Siedlungsgemeinschaften
verteilen, leben auf der 18 Quadratkilometer großen Insel. Die einzige
Ortschaft mit dörflichem Gepräge ist
der Kirchweiler ➤ *Waase*.

Vilm Die im Rügischen Bodden gegenüber dem Hafenort ➤ *Lauterbach* gelegene, nur etwa ein Quadratkilometer große Insel gehörte
ursprünglich zum südöstlichen
Küstenteil Rügens. Von dort – etwa
im Bereich Muglitzer Ort und ➤ *Reddevitzer Höft* – wurde sie vermutlich
vor 3000 Jahren durch Schwankun-
gen des Wasserspiegels abgetrennt.
Vilm gilt als eine einzigartige Schatz-
kammer der Natur. Stattliche Buchen
mit weit ausladenden Kronen, Totholz, das mit Moosen und Flechten
vollständig überzogen ist, sowie eine
artenreiche Bodenvegetation er-
wecken den Eindruck wilder Ur-
wüchsigkeit. Der letzte massive Ein-
griff in den Baumbestand liegt fast
500 Jahre zurück. Nachdem die seit
1936 unter Naturschutz gestellte
Insel als privates Erholungsrevier des
SED-Ministerrats jahrzehntelang der
Öffentlichkeit versperrt war, besteht
heute wieder eine eingeschränkte
Besuchsmöglichkeit.

*In einer Uferschlucht
südlich von Kap Arkona
liegt das Fischerdorf
Vitt.*

Vitt Denkmalgeschütztes Fischerdorf bei ➤ *Putgarten*. Etwa ein Dutzend rohrgedeckte Häuser liegen
malerisch zusammengedrängt in
einer Uferschlucht der fast 50 Meter
hohen Steilküste südlich von ➤ *Kap
Arkona*. In mittelalterlicher Zeit und
auch noch später bestand an dieser
Stelle ein berühmter Fischhandels-
stützpunkt, den man die ➤ *Grote
Vitte* nannte und wo im Herbst
berühmte Heringsmärkte stattfanden. Aus diesem Fischumschlagplatz
entwickelte sich mit der Zeit eine
feste, von Fischern bewohnte Siedlung. Heute gehen nur noch wenige

Männer aus dem Ort dem Fischfang nach. Die meisten gründen ihre Existenz auf andere berufliche Aktivitäten und haben sich vor allem auf den Fremdenverkehr eingestellt. Zu den Sehenswürdigkeiten gehört eine ➤ *Uferkapelle* an der Abbruchkante des ➤ *Kliffs*, die in der flachen Landschaft von ➤ *Wittow* schon von fern den Blick auf sich zieht.

Vitte ➤ *Grote Vitte*

Detail des Altarschreins in der Kirche von Waase. Die Darstellung zeigt die Ermordung von Thomas Becket.

Waase Der einzige bedeutende Ort von ➤ *Ummanz* liegt am Eingang zur Insel unmittelbar hinter der Brücke am Vocker Strom. Wie aus einer urkundlichen Nachricht hervorgeht, unterhielt hier die Pfarrei Gingst bereits vor 1322 eine Tochterkirche, von der allerdings nichts erhalten blieb. Die jetzige Inselkirche St. Marien entstand ab Mitte des 15. Jahrhunderts in verschiedenen Bauabschnitten. Zu den kostbarsten Schätzen ihrer Innenausstattung gehört ein gotischer Schnitzaltar, der um 1520 in einer Antwerpener Werkstatt hergestellt wurde. Ursprünglich war das Kunstwerk in Besitz der Nikolaikirche in Stralsund, doch die Hanseaten verkauften es 1618 für wenig Geld an die Ummanzer Gemeinde.

Waschstein ➤ *Findling*, der an der Küste bei ➤ *Stubbenkammer* aus dem flachen Wasser herausragt. Um den 22 Kubikmeter mächtigen und 59 Tonnen schweren Granitblock rankt sich die Legende von einer verwunschenen Jungfrau, die alle sieben Jahre am Johannistag hier erscheint und ihre Kleider im Meer wäscht. Wer sie trifft und „Guten Tag, Gott helfe!" zu ihr spricht, hat sie erlöst. Adelbert von ➤ *Chamisso* hat das Motiv der Geschichte in seiner Ballade „Die Jungfrau von Stubbenkammer" aufgegriffen.

Weiße Anemone ➤ *Buschwindröschen*

Wenden Sammelbezeichnung für jenen Teil der Slawen, der im Verlauf

der Völkerwanderung am weitesten
nach Westen vordrang und u. a. die
Gebiete Ost- und Mitteldeutschlands
besiedelte. Auch der rügensche
Stamm der → *Ranen* gehörte zu den
Wenden.

Werben Bezeichnung für das Sammeln von angeschwemmtem Treibgut wie Holz zur Verwendung als
Baumaterial oder Brennstoff, Seetang als Dünger, Schilf zum Dachdecken und Seegras als Polstermaterial. Das „Strandsammeln" galt
neben der Fischerei als wichtige Beschäftigung der Küstenbewohner.

Wiek Niederdeutsche Bezeichnung
für eine flache Meeresbucht. Wie die
Dünenstrände der → *Tromper* und
→ *Prorer Wiek* belegen, bieten die
Wieken wegen der meist sanft abfallenden Ufer und des seichten Wassers ideale Voraussetzungen als Badeseevier.

Wiek (Ort) Schon in slawischer Zeit
war der am Wieker Bodden auf der
Halbinsel → *Wittow* gelegene Ort ein
bevorzugter Siedlungsplatz und Handelsstützpunkt. In seinem geschützten Hafen machten im 19. Jahrhundert Frachtsegler fest, die u. a. Getreide nach England transportierten.
Erst mit der Eröffnung des → *Rügendamms* verlor der Ort seine Bedeutung. Heute wird der Hafen vor
allem von Sport- und Freizeitbooten
angelaufen. Während der Saison
gibt es eine tägliche Fährverbindung
nach → *Hiddensee*. Beachtenswert
ist die spätgotische Backsteinkirche
St. Georg, zu deren respektabler

Windflüchter Ausstattung auch ein um 1500 geschaffenes Reiterstandbild des Schutzheiligen gehört.

Windflüchter Wuchsformen meist einzeln stehender Bäume, die entsprechend der vorherrschenden Windrichtung verformt wurden. Auf Rügen findet man sie vor allem an den ungeschützten Küsten von ➤ *Wittow.*

Windkraftschöpfwerk Windturbine in der Lobber Seeniederung (auf ➤ *Mönchgut*), die seit 1900 dem Antrieb eines Schöpfwerks zur Entwässerung der Grün- und Röhrichtflächen rund um den Großen Lobber See diente. Die restaurierte Anlage ist seit 1955 nicht mehr in Betrieb und erfüllt heute nur noch die Funktion eines technischen Denkmals.

Wissower Klinken Bezeichnung für eine Gruppe bizarr geformter Kreideklippen an der Ostküste ➤ *Jasmunds.* Das Wort „Klinken" ist vom dänischen *klint* abgeleitet und bedeutet Felsvorsprung oder Steilufer. In der geologischen Literatur des vergangenen Jahrhunderts findet man noch die Bezeichnung „Wissower Klinten". Sie waren ein charakteristisches Merkmal für die Schönheit der Kreideküste und eine der Hauptattraktionen Rügens, bis im Februar 2005 ein gewaltiger Kreideabbruch den markanten Kegel zusammenfallen ließ. Dabei wurden 50 000 Kubikmeter Kreide auf den Strand und ins Meer gerissen.

Die Wissower Klinken mit ihrem 20 Meter hohen Hauptpfeiler boten einst einen spektakulären Anblick (oben). Aber auch nach dem gewaltigen Kreideabbruch im Februar 2005, durch den die charakteristische Felsgestalt zerstört wurde (Abb. links), sind die Klinken immer noch ein viel besuchtes Ausflugsziel.

Wittow Nördlichster Inselkern Rügens. Im Gegensatz zu dem reich gegliederten → *Jasmund* besitzt die Halbinsel Wittow eine äußerst monotone Oberflächengestaltung. Sie steigt von Südwesten nach Nordosten stetig bis zu einer Höhe von 46 Metern an und fällt am → *Kap Arkona* steil zum Meer ab. Über den Ursprung des Namens streiten die Ethymologen. Die einen bringen ihn in Beziehung zum heiligen Vitus, dessen Schutz das Gebiet im 9. Jahrhundert unterstellt war, für andere ist das Wort „Witt-au" die Bezeichnung für eine weiße oder gute Aue (witt = weiß, gut).

Wittower Fähre Fährverbindung auf der Strecke von Altefähr–Samtens–Bergen über → *Trent* zur Halbinsel → *Wittow,* die den Breetzer Bodden an seiner engsten Stelle überquert. Von 1896 bis 1970 bestand dort ein Trajektbetrieb (→ *Trajekt)* für die Kleinbahnlinie Bergen–Altenkirchen. Die Beförderungskapazität der heute eingesetzten Fähre liegt bei ca. 22 Pkw. Abfahrten: Pendelverkehr, mindestens alle 30 Minuten, kein Nachtbetrieb.

Wizlaw I. Sohn → *Jaromars I.,* Rügenfürst von etwa 1218 bis 1249. Er verlieh 1234 Stralsund das Stadtrecht.

Wizlaw II. Sohn von → *Jaromar II.,* Rügenfürst von 1260 bis 1302. Er schenkte 1296 dem Kloster Neuenkamp die Insel → *Hiddensee.*

Wizlaw III. Sohn von ➤ *Wizlaw II.,* Rügenfürst von 1302 bis 1325. Seine Regierungszeit war überschattet von der erfolglosen Teilnahme an den großen Kämpfen gegen Stralsund, das sich mit einigen rügenschen Adelsfamilien und Einwohnern gegen seinen Landesherrn verbunden hatte. Mit seinem Tod erlosch das rügensche Fürstenhaus, das jahrhundertelang – davon 157 Jahre als christliches Herrschergeschlecht – auf der Insel regiert hatte. Bekannt wurde Witzlaw III. vor allem durch seine Minnelieder, die er in deutscher Sprache verfasst hat und die als Handschriften erhalten sind (Universitätsbibliothek Jena).

Woorker Berge Aus den flachen Wiesen und Äckern zwischen den Orten ➤ *Patzig* und Woorke erheben sich 14 mächtige, mit Bäumen bewachsene ➤ *Hügelgräber* aus der Bronzezeit.

Wrangel, Carl Gustav von (1613–1676) Schwedischer Feldmarschall im Dreißigjährigen Krieg (1618–1648) und Generalgouverneur von Pommern und Rügen. Für seine Verdienste erhielt er 1649 von der schwedischen Krone die Herrschaft ➤ *Spyker* zum Lehen. Die Güter von ➤ *Ralswiek* waren ihm bereits 1632 übergeben worden. Durch umfassende Umbauten gab er dem Schloss Spyker sein heutiges Aussehen. Wrangel starb ein Jahr nach der Schlacht von Fehrbellin, in der die schwedischen Truppen dem brandenburgischen Heer unterlegen waren.

Carl Gustav von Wrangel, schwedischer Feldmarschall im Dreißigjährigen Krieg

141

Zeesen Einst übliche Technik des Fischfangs in den flachen Gewässern der → *Bodden,* bei der ein Grundschleppnetz, die sogenannte Zeese, quer vor dem Wind treibend über den Meeresboden gezogen wurde.

Zeesenboot Ein im 19. Jahrhundert entstandener Bootstyp, mit dem an der vorpommerschen Küste Schleppnetzfischerei betrieben wurde. Beim Schleppen des Fanggeräts, der Zeese, eines etwa 25 Meter langen Netzes mit großer Öffnung, trieb das Boot mit steif gesetzten Segeln quer im Wind. Obwohl diese Art der Fischerei inzwischen eingestellt worden ist, kreuzen Zeesenboote unter den typischen braunen Segeln – gesteuert von Freizeitkapitänen – immer noch über die → *Bodden.* Im Raum Fischland-Darß-Zingst finden jährlich Zeesenboot-Regatten statt.

Zicker-Berg Mit 66 Metern neben dem benachbarten → *Bakenberg* die höchste Erhebung auf der Halbinsel Gager/Groß Zicker. Beliebtes Wanderrevier mit stets freier Sicht auf die Boddenküste und die Ostsee.

Zickerniss Niederung zwischen → *Lobbe* und dem Höhengebiet von → *Gager* und → *Groß Zicker*. Der Name geht auf einen Meeresarm zurück, der noch gegen Ende des 17. Jahrhunderts mit einer Breite von bis zu 200 Metern vom jetzigen Hafen Gager bis zur Hauptverkehrsstraße Lobbe–Thiessow reichte. Bei heftigen Sturmfluten konnte in der Vergangenheit das von der Ostsee

Traditionsboote unter braunen Segeln: Zeesenboote waren einst die Fischereifahrzeuge in den flachen Bodden- und Haffgewässern der Ostsee. Noch bis Ende der 1970er Jahre konnte man sie bei ihrem Arbeitseinsatz beobachten. Heute sind die Schiffe überwiegend in privater Hand, werden von ihren Eignern liebevoll gepflegt und bei Regatten stolz zur Schau gestellt.

Zickersches Höft eindringende Wasser über die Zickerniss in die ➤ *Hagensche Wiek* abfließen.

Zickersches Höft Kliffküste am südwestlichen Ende des Hochgebiets ➤ *Gager* und ➤ *Groß Zicker* auf der Halbinsel ➤ *Mönchgut*.

Ziegelgrabenbrücke Die Klappbrücke ist Teil des ➤ *Rügendamms* und überspannt den Ziegelgraben vom Ufer des Stralsunder Frankenstadtteils zur Insel ➤ *Dänholm*. Fünfmal am Tag ist sie für jeweils 20 Minuten hochgeklappt, um die Passage größerer Schiffe zu ermöglichen.

Zirkow Ortschaft an der Bundesstraße 196 zwischen ➤ *Bergen* und ➤ *Lancken-Granitz*. Sehenswert ist der ➤ *Museumshof Zirkow* mit einem 260 Jahre alten Rauchhaus (➤ *Rookhuus*).

Zuckerhut Rügensche Variante des niederdeutschen ➤ *Hallenhauses*. Es steht auf fast quadratischem Grundriss und hat ein hohes Manteldach mit schmalem First. In dieser Bauweise wurden das ➤ *Pfarrwitwenhaus* von ➤ *Groß Zicker* und das ➤ *Rookhuus* in ➤ *Göhren* ausgeführt.

Zudar Die Halbinsel im Süden Rügens gegenüber der Greifswalder Küste gehört zu den ruhigen und – abgesehen von der zur Stahlbroder Fähre führenden Hauptstraße – vom Tourismus nur wenig berührten Landstrichen Rügens. In den umliegenden Gewässern der Buchten fin-

den zahlreiche Wasservogelarten un-
gestörte Rast- und Brutplätze. Die
Schoritzer Wiek mit ihren zeitweise
überfluteten und von Prielen durch-
zogenen Uferwiesen steht unter Naturschutz. Hier brüten immer noch
Watvögel wie Bekassine, Rotschenkel, Alpenstrandläufer, Austern-
fischer u. a. Eine Kormoran-Kolonie
hat sich auf der kleinen Insel Tollow
gebildet. Zentraler Ort der Halbinsel
Zudar ist die gleichnamige Gemeinde.

Zudar (Ort) An der Schoritzer Wiek
gelegenes Kirchdorf der gleichnamigen Halbinsel. In der zweiten Hälfte
des 14. Jahrhunderts wurde seine
Kirche aufgrund eines als wunder-
tätig angesehenen Marienbildes zu
einem beliebten Wallfahrtsziel für
Gläubige vor allem aus dem norddeutschen Raum. Als aber 1372 ein
Schiff mit 90 Pilgern an Bord auf der
Reise nach Zudar im → *Strelasund*
kenterte und keiner der Reisenden
das Unglück überlebte, versiegte als-
bald der religiös motivierte Besucherstrom.

*Im 14. Jahrhundert das
Ziel großer Wallfahrten:
St. Laurentius in Zudar*

Literatur

Adler, Fritz:
Westpommern, Neuvorpommern
und Rügen. In: Deutsche Lande,
deutsche Kunst, hrsg. von Burkhard
Meier. Berlin 1927

Arndt, Ernst Moritz:
Erinnerungen aus dem äußeren
Leben. Leipzig 1840

Baier, Rudolf (Hrsg.):
Vorgeschichtliche Gräber auf Rügen
und in Neuvorpommern. Aufzeichnungen Friedrich von Hagenows aus
dessen hinterlassenen Papieren.
Greifswald 1904

Barthold, Friedrich Wilhelm:
Geschichte von Pommern und
Rügen. Hamburg 1839

Buske, Norbert:
Die Kirche in Altenkirchen und die
Kapelle von Vitt. Berlin 1988

Carus, Carl Gustav:
Lebenserinnerungen und Denk-
würdigkeiten. Bd. 1 u. 2. Nach der
zweibändigen Originalausgabe von
1865/66 neu herausgegeben von
Elmar Jansen. Weimar 1966

Credner, Rudolf:
Rügen. Eine Inselstudie. Stuttgart
1893

Dost, Hellmuth:
Rügen. Die grüne Insel und ihre
Naturschutzgebiete. Lutherstadt
Wittenberg 1965

Einem, Herbert von:
Caspar David Friedrich. Berlin 1938

146

Erdmann, Gustav:
Die Gerhart-Hauptmann-Gedenkstätte Kloster auf Hiddensee. Putbus
1987

*Ernst-Moritz-Arndt-Gesellschaft
(Hrsg.):*
Stätten des Wirkens von Ernst Mo-
ritz Arndt. Hefte der Ernst-Moritz-
Arndt-Gesellschaft 1/1992

*Erster Rügenscher Kunstverein
(Hrsg.):*
Klostergalerie Rambin. Ohne Ort und
Jahr

Ewe, Herbert:
Rügen. Rostock 1980

Fabricius, Carl Gustav:
Urkunden zur Geschichte des
Fürstenthumes Rügen. Stralsund
1841

Gemeinde Binz (Hrsg.):
Festschrift 675 Jahre Binz.

*Gemeindeverwaltung Schaprode
(Hrsg.):*
800 Jahre Schaprode. Festschrift von
1993

Gensel, Julius:
Friedrich Preller d. Ä. Bielefeld und
Leipzig 1904

Grümbke, Johann Jacob:
Streifzüge durch das Rügenland.
1805. Neuausgabe hrsg. von Albert
Burkhardt. Leipzig 1988

Heimatverband Garz e.V. (Hrsg.):
Garz. Festschrift zur Erwähnung der
Stadt vor 675 Jahren.

Jahn, Ulrich (Hrsg.):
Volkssagen aus Pommern und
Rügen. Stettin 1886

Jünemann, K./Kieper, K./Nickel, L.:
Die Rügenschen Kleinbahnen. Berlin
und Ahrensfelde 1983

Jung, Georg:
Das große Rügen-Buch. Hamburg
2009

*Kosegarten, Gotthard Ludwig Theo-
bul:*
Briefe eines Schiffbrüchigen. 1794.
Neu hrsg. und kommentiert von
Katharina Coblenz. Bremen 1994

Kramm, Hermann J.:
Rügen. Ökonomisch-geographische
Exkursion. Gotha/Leipzig 1968

Lehmann, Heinz/Meyer, Renate:
Rügen A–Z. Wissenswertes in Kürze
von Arkona bis Zudar. Schwerin
1974

Lohse, Bruno:
Jakob Philipp Hackert. Emsdetten
1936

*Mönchguter Museum/Rat d. Ge-
meinde Göhren (Hrsg.):*
Mönchgut – Eine Landschaftsstudie.
Teil 1–3. Darin die Beiträge von Klaus
Hoth, Peer Hoth, Ulrich Kliesow,
Bodo Noack, u. a. Göhren/Greifs-
wald 1990

Müller, Heinz:
Die Tragödie auf dem Lohmer Schwanenstein. In: Rügen – Impressionen, Informationen, Visitenkarten. Heft 6. Herausgegeben von der Kreisvolkshochschule Rügen. Bergen 1996

Nationalparkamt Mecklenburg-Vorpommern (Hrsg.):
Diverse Informationsschriften über den Nationalpark Jasmund und das Biosphärenreservat Südost-Rügen. Saßnitz und Middelhagen 1993 u. 1994

Nestler, Helmut:
Die Fossilien der Rügener Schreibkreide. Lutherstadt Wittenberg 1975

Ohle, Walter/Baier, Gerd:
Die Kunstdenkmale des Kreises Rügen. Leipzig 1963

Petzsch, Wilhelm:
Rügens Hünengräber und die ältesten Kulturen der Insel. Bergen 1938

Rudolph, Wolfgang:
Die Insel Rügen. Hrsg. von Käthe Miethe. Rostock 1953

Rügener Mitglieder des Verbandes der Journalisten der DDR:
Naturschutzgebiete und Naturdenkmale der Inseln Rügen und Hiddensee. Putbus 1989

Schmidt, Konrad:
Entdeckungen auf Rügen und Hiddensee. Leipzig 1976

Schuchhardt, Carl:
Arkona, Rethra, Vineta. Berlin 1926

Tourismusverband Rügen e.V.
(Hrsg.):
Diverse Informationsschriften

Wehrmann, Martin:
Geschichte der Insel Rügen, Teil 1
u. 2. Hrsg. von Fritz Adler und Martin Wehrmann. Greifswald 1922

Wossidlo, Richard/Teuchert, Her-
mann:
Mecklenburgisches Wörterbuch.
Bd. 1–7. Neumünster 1957

Georg Jung

geboren 1945 im Sudetenland, lebt
als freier Reiseschriftsteller und Foto-
graf in Hamburg. Zahlreiche Ver-
öffentlichungen von Reiseberichten,
Bildbänden und Fotokunstkalendern.
Im Ellert & Richter Verlag sind von
ihm „Das große Rügen-Buch",
„Die Ostseeküste Mecklenburg-Vor-
pommerns", „Das Riesengebirge",
„Rostock und Warnemünde" und
„Usedom" erschienen sowie die
Bildreisen „Der Darß, Fischland und
Zingst", „Mecklenburg-Vorpom-
mern", „Auf den Spuren von
Johann Sebastian Bach", „Mark
Brandenburg – Auf den Spuren von
Theodor Fontane", „Der Harz",
„Die Elbe", „Elbsandsteingebirge"
und „Der Weg der Jakobspilger".

Impressum/ Bildnachweis

Bibliografische Information der Deutschen Bibliothek

Die Deutsche Bibliothek verzeichnet diese Publikation in der Deutschen Nationalbibliografie; detaillierte bibliografische Daten sind im Internet über http://dnb.ddb.de abrufbar.

ISBN 978-3-8319-0381-8

© Ellert & Richter Verlag GmbH, Hamburg 2009

Text und Bildlegenden: Georg Jung, Hamburg
Gestaltung: Hartwig Kloevekorn, Hamburg
Satz und Lithografie: KCS GmbH, Buchholz/Hamburg
Gesamtherstellung: Offizin Andersen Nexö Leipzig GmbH

Bildnachweis:
Alle Fotos Georg Jung, Hamburg

Darüber hinaus haben wir in diesen Band noch Archivmaterial folgender Agenturen aufgenommen:
Bildarchiv Preußischer Kulturbesitz, Berlin: S. 47, 100, 112, 141
ullstein bild, Berlin: S. 16, 80